카이런 센터 시리즈 2

현대 점성학 102

카이런 센터 시리즈 2

현대 점성학 102

발행일   2022년 6월 27일

지은이   이종혁, 송서율
펴낸이   손형국
펴낸곳   (주)북랩
편집인   선일영   편집   정두철, 배진용, 김현아, 박준, 장하영
디자인   이현수, 김민하, 김영주, 안유경, 한수희   제작   박기성, 황동현, 구성우, 권태련
마케팅   김회란, 박진관
출판등록   2004. 12. 1(제2012-000051호)
주소   서울특별시 금천구 가산디지털 1로 168, 우림라이온스밸리 B동 B113~114호, C동 B101호
홈페이지   www.book.co.kr
전화번호   (02)2026-5777   팩스   (02)2026-5747

ISBN   979-11-6836-263-5 04180 (종이책)   979-11-6836-264-2 05180 (전자책)
          979-11-6539-108-9 04180 (세트)

카이런 센터 시리즈 2

현대 점성학 102

이종혁, 송서율 지음

북랩

머리말

이 책은 네이탈 차트 해석이 익숙하지 않은 초심자들을 위한 책은 아닙니다.

운행하는 행성의 영향력은 개인마다 다르게 나타날 수 있습니다. 예로 트랜짓 천왕성의 영향력은 토성이 주도하고 있는 네이탈 차트 개인과 목성이 주도하고 있는 네이탈 차트의 개인이 받아들이고 사용하는 방식이 다를 수 있습니다.

토성이 주도하고 있는 네이탈 차트 개인은 변화와 혁신에 저항하고 움직이지 않으려 할 수 있고 매우 힘든 경험이 될 수 있습니다. 목성이 주도하고 있는 네이탈 차트 개인은 변화와 혁신을 적극적으로 받아들이고 사용하려 할 수 있고 매우 신나는 경험이 될 수 있습니다.

현대 점성학의 기본은 네이탈 차트 해석입니다. 네이탈 차트 해석을 충분히 연습해보고 기법 공부를 하는 것이 바람직합니다.

미래를 예언하거나 단정하기에는 운행하는 행성들의 영향력은 다양하게 나타납니다.

예로 코로나 시국은 누구에게나 동일합니다. 그러나 개인마다 대처하는 상황은 다릅니다. 점성학에서도 마찬가지입니다. 트랜짓 명왕성의 영향력은 사람마다 다르게 나타납니다. 빌 게이츠는 트랜짓 명왕성이 Mc에 컨정션(♂) 되었을 때 주식 시장에 상장하여 큰 부를 이루었고 필자의 지인은 아들을 출산하였고 필자는 사업 실패를 경험하였습니다.

운행하는 에너지 영향력을 흑과 백의 관점을 벗어나 다양한 가능성을 열어 두고 해석하기를 바랍니다.

현대 점성학자는 운행하는 에너지의 영향력을 내담자에게 설명하고 긍정적으로 사용할 수 있게 도와주는 조언자입니다. 내담자에게 공포와 불안을 조성하는 이야기는 하지 말아야 합니다. 특히 죽음이나 질병에 관한 이야기는 서양 현대 점성학자들 사이에서는 금기시되고 있습니다.

현대 점성학을 공부하시는 분들에게 이 책이 조금이나마 도움이 되기를 바라며 공동 집필에 응해 주신 송서율 선생님께 감사드립니다.

2022년 6월

이종혁

예전에 '○○○ 따라 하기' 책들이 많이 나오던 시기가 있었습니다.

특히 컴퓨터 기술 분야 쪽으로 이런 책들이 인기를 끌게 되면서 컴맹들의 문턱을 낮출 수 있게 되었습니다. 덕분에 어렵게 느껴지던 각종 프로그램을 책에 나온 순서대로 하나하나 따라 하다 보면 어떤 식으로든 결과가 나와서 비교적 수월하게 배울 수 있었습니다.

이런 책들처럼 현대 점성학을 알차게 활용할 수 있는 '현대 점성학 따라 하기' 같은 책이 있으면 좋겠다는 생각이 들어 책을 쓰게 되었습니다.

이 책은 현대 점성학에서 자주 사용하는 여러 가지 기법을 소개하였고, '○○○ 따라 하기' 책들처럼 현대 점성학의 다양한 기법들을 손쉽게 사용할 수 있는 가이드를 제시하는 데 목적을 두었습니다.

점성학은 기호의 학문으로 이 책에는 많은 점성학 기호가 등장합니다. 기호에 아직 익숙하지 않으시다면 『현대 점성학 101』을 먼저 읽고 오시거나 다른 점성학 기본서를 읽고 오시는 것이 도움이 될 것입니다.

실제로 자주 사용하는 이론과 그에 맞는 예시를 다루려고 노력했으며 책에 있는 내용이 전부가 아님을 기억해주시기를 바랍니다. 책에 소개한 예시들은 많은 경우의 수 중 하나일 뿐이라는 것을 기억해주시고 이 책을 바탕으로 본인만의 현대 점성학을 발전시켜 나가시기를 바랍니다.

　그리고 이 책을 집필하자는 제안을 해주신 이종혁 선생님과 세상에 나오기까지 도움을 주신 모든 분들에게 감사드립니다.

　행복하시고 건강하세요.

2022년 6월 송서율

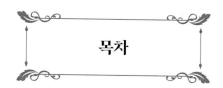

목차

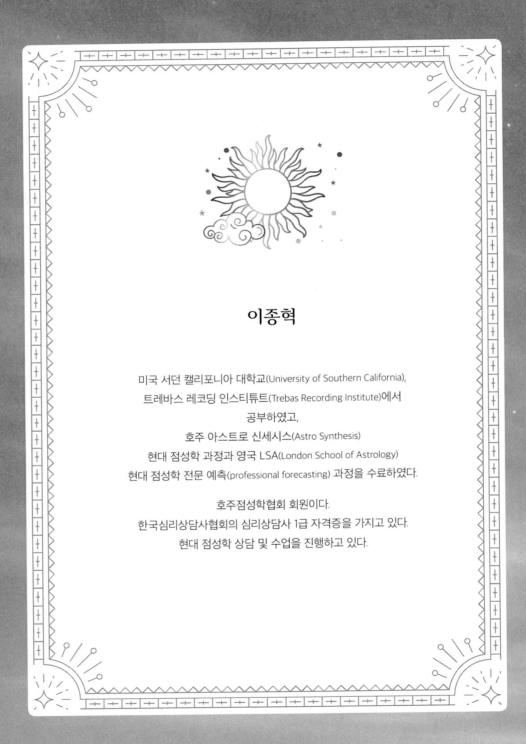

이종혁

미국 서던 캘리포니아 대학교(University of Southern California),
트레바스 레코딩 인스티튜트(Trebas Recording Institute)에서
공부하였고,
호주 아스트로 신세시스(Astro Synthesis)
현대 점성학 과정과 영국 LSA(London School of Astrology)
현대 점성학 전문 예측(professional forecasting) 과정을 수료하였다.

호주점성학협회 회원이다.
한국심리상담사협회의 심리상담사 1급 자격증을 가지고 있다.
현대 점성학 상담 및 수업을 진행하고 있다.

1장

트랜짓 기법
(Transit Technic)

1. 트랜짓 기법(Transit Technic)

1. 트랜짓은 현대 점성학에서 가장 많이 쓰이고 가장 중요한 테크닉이다. 실시간(Real-Time)으로 움직이고 있는 행성들이 네이탈(Natal) 차트에 어떠한 영향을 미치고 있는지를 알 수 있다. 미래에 다가올 에너지뿐만 아니라 과거에 어떠한 에너지 영향을 경험했었는지도 알 수 있다.

2. 현대 점성학에서는 미래의 길, 흉, 화, 복을 예언하지 않는다. 현재의 에너지 또는 미래에 다가오는 에너지의 영향력을 인식하고 긍정적으로 사용하는 것에 초점을 맞추고 있다.

3. 컨정션(☌), 어퍼지션(☍), 스퀘어(□) 각을 중요하게 본다.

4. 트랜짓 행성들과 네이탈 차트의 행성 또는 앵글과의 각도의 편차 범위(Orb)는 주로 + -1°로 본다(점성학자마다 편차 범위는 다를 수 있다).

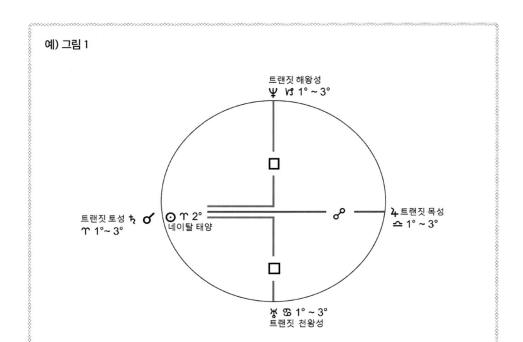

예) 그림 1

네이탈 차트 ☉은 ♈ 2°에 위치한다. 트랜짓 행성들이 ♈ 1°~3° 내에 위치하면 ☌, ♋ 또는 ♑ 1°~3° 내에 위치하면 □, ♎ 1°~3° 내에 위치하면 ☍ 각을 맺는다.

5. 트랜짓 ♅, ♆, ♇의 영향력이 가장 강력하며 그다음으로 ⚷, ♄ 그리고 ♃ 순으로 영향력을 미친다(⚷을 고려하지 않는 점성학자들도 있다).

♇, ♆, ♅ > ⚷, ♄ > ♃

6. 트랜짓 ♃, ♄, ♅, ♆, ♇, ⚷이 네이탈 내행성들과 ☌, ☍, □ 각도를 맺거나 4개의 앵글과(As, Ds, Mc, Ic) ☌을 맺으면 매우 주의 깊게 살펴보아야 한다.

7. 트랜짓 각도의 의미

각도	키워드(Keywords)
컨정션(☌)	휩싸임, 통합, 갱신, 시작, 각성, 충돌, 융합, 새로운 영역의 개척 등
스퀘어(□)	압박, 스트레스, 행동, 충동, 돌파, 받아들임, 일깨움, 앞으로 나아감, 사건, 사고 등
어퍼지션(☍)	객관화, 인식, 양극성, 반향, 투영, 가시성(볼 수 있는), 관계에서의 이슈 등
트라인(△)	재능의 발견과 인식, 도와주는, 긍정적으로 사용할 수 있는 등
섹스타일(✶)	재능 발견의 기회, 제휴, 수월함 등
퀸컹스(⚻)	조정^{adjustment}, 긴장, 조율, 건강의 이슈 등

＊ 현대 점성학에서 ♄은 흉성이고 ♃은 길성이다. ☌, ☍, □ 각도는 나쁘다, △, ✶ 각도는 좋다와 같은 이분법적인 해석은 하지 않는다.

2. 목성 트랜짓(Jupiter Transit)

1. 트랜짓 ♃의 의미

- 미래에 대한 가능성, 큰 그림, 새로운 비전^{Vision}
- 안전한 곳을 벗어나 위험을 감수하고 더 넓은 세계로 나아가는 에너지
- 성장, 증가, 시야의 확장, 교육, 탐험, 여행 등
- 새로운 기회, 적재적소의, 영향력 있는 사람들과의 만남
- 과장, 과대, 에너지 과사용으로 인한 피로감
- 행운만을 기대하는, 현실을 무시한 기대감
- 자만심, 나태함, 무모함
- 성급하고 책임지지 못할 결정과 행동

2. ♃의 주기는 약 12년이며 하나의 사인 또는 하나의 하우스(이퀄하우스)를 통과하는 기간은 약 1년이다.

- **Ex** ♃_(TR) ☌ ♃_(N): 약 12년 동안 어떻게 나를 발전시키고 성장시켜왔는지 생각해 본다. 새로운 목성 사이클의 시작이다. 나에게 필요한 교육이 무엇인지, 나를 성장시키기 위해 필요한 믿음, 철학, 종교는 무엇인지를 생각해보기 좋

다. 지금 준비하고 계획한 일들의 결과는 12년 뒤에 나타날 수 있다. 장거리 여행, 유학, 외국인들과의 교류 등을 통하여 인생의 의미와 진리를 찾을 수도 있다. [1]

3. ♃(TR)의 사인: 사인 에너지를 긍정적이고 발전적으로 사용해야 한다.

- **Ex1** ♃(TR) 사인이 ♈일 경우: 적극적으로 시작하고 실행해보는 것이 좋다. 미뤄왔던 공부와 운동을 시작하기도 좋고 가르치는 일을 시작해보는 것도 좋다. 외국 문화와 문물을 경험해보고 외국인들과의 교류를 증대하는 것도 좋다.
- **Ex2** ♃(TR) 사인이 ♏일 경우: 친밀한 관계를 맺은 사람과 함께 외국어 공부, 야외 활동, 종교 활동, 장거리 여행 등을 하기 좋다. 하나의 학문에 집중하여 성과를 내기도 좋다. 심리, 미스터리, 죽음, 점성학, 사주 등에 관심이 높아질 수 있다.

4. ♃(TR) 일기(Diary)

♃(TR)이 네이탈 As, Ds, Mc, Ic와 ♂을 이룰 때 내가 무엇을 계획하고 시작하였는지를 기록한다. 12년 뒤에 ♃(TR)이 다시 나의 네이탈 As, Ds, Mc, Ic ♂을 이룰 때 어떠한 확장과 발전 또는 변화가 있는지를 기록하여 자신만의 ♃(TR) 일기를 작성해 본다.

---

1 TR=트랜짓(Transit), N=네이탈(Natal)을 의미한다)

- **Ex1** ♃(TR)이 네이탈 Mc에 ♂을 이룰 때: 성공을 위하여 미래를 준비하고 열심히 노력하였다면 12년 뒤 ♃(TR)이 나의 네이탈 Mc에 다시 ♂을 이루었을 때 노력한 보상을 받을 수 있다.

Check Point

♃의 행운은 자신의 인생에 대한 믿음과 신념을 갖고 노력을 해야 오는 것이다. '♃(TR)의 영향이 무조건적인 행운이다'라고 해석하는 것은 금물이다. 목성은 부정적인 이슈도 확장 시킨다.

5. ♃(TR)의 각도(♂, ♂, □)

♃(TR)		네이탈 차트 행성들과 4개의 앵글들
확장, 도전, 기회, 낙천, 교육, 철학, 종교, 출판, 가르침, 배움, 안전한 곳을 떠나 새로운 기회를 찾음, 과사용, 남용, 과신 등	☉	자신이 누구인지, 인생에 대한 믿음과 신념이 무엇인지를 생각해 보기 좋은 시기이다. 새로운 교육, 철학, 종교 등을 통하여 자신의 발전을 도모할 수 있다. 생각만 하기보다는 시작하는 것이 좋다. 방종, 게으름, 나태함 등은 조심해야 한다.
	☽	위험을 감수하고 인생의 의미와 진리를 찾기 위해 안전한 곳을 떠날 수 있다. 감정이 낙천적이고 긍정적일 수도 있고, 충동적이고 즉흥적일 수도 있다. 이사 또는 이민을 갈 수도 있고, 가족 구성원이 확장될 수도 있다. 집안의 종교, 믿음, 교육 방식의 이슈가 부각될 수 있다.
	☿	생각과 아이디어를 적극적으로 표현하기 좋다. 외국어 또는 하고 싶었던 공부를 하기 좋다. 가르치는 일을 하는 것도 좋다. 출판, SNS, 간행물 등을 통하여 나의 아이디어를 전파하기도 좋다. 생각의 시야를 넓히기 좋다. 내 생각이 무조건 맞는다는 편견 또는 근거 없는 주장 등은 조심해야 한다.
	♀	관계 확장의 시기이다. 많은 사람들을 만나기 좋다. 외국인들과 관계를 맺기에도 좋은 시기이다. 관계에서 너무 관대해지거나 긍정적일 수 있다. 돈의 씀씀이가 커질 수 있으며 무모하고 성급한 투자는 조심해야 한다.

	♂	나의 주장과 욕구를 표출하는 시기이다. 계획하고구상했던 일들을 시작하고 행동으로 옮기기 좋다. 나의 인생의 목표를 성취하기 위해 과감히 도전하는 것도 좋다. 운동을 시작하기에도 좋다. 그러나 너무 강한 욕구의 표출, 호전적인 태도 등은 조심해야 할 필요가 있다.
	♄	목성과 토성의 조합은 세상에서 나를 어떻게 확장하고 지위와 명예를 어떻게 성취할 것인가의 이슈다. 도전 vs 유지, 확장 vs 안정, 비전 vs 현실 등의 문제가 있을 수 있다.
	As	나의 발전을 위해 모든 가능성을 열어 두고 도전하는 시기이다. 교육, 철학, 믿음, 여행, 새로운 사람들과의 만남 등을 통하여 성장할 수 있다. 에너지 과사용과 너무 큰 위험을 감수하려는 것은 조심해야 한다.
	Mc	열심히 노력하고 성실하였다면 승진, 보너스, 더 나은 직장으로의 이직 등의 기회가 올 수 있다. 외국계 회사에 지원해보는 것도 좋고 외국에서 일해보는 것도 좋을 수 있다. 업무 능력을 발전 시키기 위해 배우고 습득하기에도 좋은 시기이다.
	Ds	결혼 또는 이혼(자유, 종교 갈등 등)을 할 수 있다. 지적인 사람, 외국인 또는 선생님 같은 사람에게 끌릴 수 있다. 파트너와 함께 교육을 받거나 여행을 가기에도 좋다. 이성(동성)에 대한 기대치가 높아져서 아무도 만나지 못할 수도 있다. 동업자와 해외로 사업확장을 할 수도 있고, 새로운 동업자를 만날 수도 있다.
	Ic	집과 가족을 떠나 새로운 도전을 하기 좋은 시기이다. 출산, 결혼, 분가, 합거 등의 이유로 가족 구성원 및 주거 형태에 변화가 생길 수 있다. 집을 확장하거나 인테리어 공사를 하기 좋다. 부동산 투자에 관심이 생길 수도 있다.

6. 연습문제: ♃(TR)의 키워드와 하우스의 키워드를 조합하여 연습해보자.[2]

♃(TR)	12 하우스	
확장, 도전, 기회, 낙천, 과사용, 과신, 교육, 철학, 종교, 출판, 가르침, 배움, 안전한 곳을 떠나 새로운 기회를 찾아 떠남 등	1st	♃(TR)과 As 참조
	2nd	
	3rd	새로운 공부를 시작 하거나 이전에 마치지 못한 공부를 다시 시작하기에 좋다. 형제자매, 이웃, 친구들과의 관계를 발전시키기 좋다. 나의 생각, 아이디어, 지식 등을 널리 퍼뜨리기에도 좋은 시기일 수 있다. 선생님 또는 멘토의 역할을 하는 것도 좋다.
	4th	♃(TR)과 Ic 참조
	5th	
	6th	
	7th	♃(TR)과 Ds 참조
	8th	친밀한 관계의 사람과 함께 발전하기 좋은 시기이다. 서로의 자원을 공유하며 교육, 종교, 여행 등을 통하여 인생의 의미를 같이 찾기에도 좋다. 배우자의 성공(승진, 보너스) 또는 불행과 실패(보험금, 빚)로 인한 공유 재산의 변화, 유산 상속 또는 빚의 상속이 일어날 수도 있다. 관계에서 서로의 자유를 인정해주고 각자 원하는 것을 성취할 수 있도록 응원해주는 것이 좋다.
	9th	
	10th	♃(TR)과 Mc 참조
	11th	
	12th	종교활동, 봉사 활동, 구호 활동 등을 적극적으로 하기에 좋다. 소외된 사람들에게 지식과 비전을 전파하는 선생님 역할을 하는 것도 좋다. 나의 영적 성장에 도움이 되는 공부와 활동을 하기 좋은 시기일 수 있다. 나의 상상력과 창의력을 세상에 알리기 좋은 시기일 수 있다.

---

2 위의 연습문제의 정답은 없습니다.

3. 토성(♄) 트랜짓

1. 트랜짓 ♄의 의미

- 자신이 처한 실제 상황을 깨닫게 하는 에너지
- 자신을 재조정하고 재정립하는 기간
- 자율적인 규율과 규칙을 설립하는 기간
- 생산적이고 현실적인 목표와 계획
- 인내와 끈기를 필요로 하는 기간
- 노력에 대한 보상을 받을 수 있는 기간(금전, 명예 등)
- 윗사람 또는 권위자와의 갈등, 권력다툼
- 과거의 판단과 결정에 대하여 책임을 지는 기간
- 응축, 수축, 억제, 지연 등의 이슈
- 우울, 낙담, 절망하기보다는 자신을 훈련하고 의무와 책임을 받아들이는 기간
- 관계가 단단해질 수도 있고 현실적인 이유로 인하여 관계가 끝날 수도 있다.

2. ♄ 주기는 약 $29\frac{1}{2}$년이며 하나의 사인 또는 하나의 하우스(이퀄 하우스)를 통과하는 기간은 약 2년 6개월이다.

1) 첫 번째 ♄ 리턴^{Return}: 0~$29\frac{1}{2}$세

미성숙한 토성 에너지는 의무와 책임을 회피하고 남에게 떠넘기려고 하거나 비난할 대상을 찾는다. 나의 부정적인 현실은 남의 탓이고 세상 탓이라고 생각한다. 서양에서는 29~30세(만 나이)를 토성 리턴의 해라고 하여 매우 힘든 시기를 겪는다고 믿는 사람들도 있다.

2) 두 번째 ♄ 토성 리턴^{Return}: $29\frac{1}{2}$ ~약 59세

모든 일의 결과는 나의 선택과 결정으로 인한 것이며 책임과 의무를 어떻게 자율적으로 이행할 것인지를 배우는 시기이다. 나의 지위와 명예를 공고히 할 수 있는 기간이기도 하다.

3) ♄$_{(TR)}$과 ♄$_{(N)}$이 어퍼지션(☍)을 이루거나 스퀘어(□)를 이룰 때

- 어퍼지션(☍): '나의 책임과 의무를 어떻게 이행하고 있는지', '사회적 지위와 명예를 성취하기 위해 무엇을 하고 있는지'를 객관적으로 바라보는 시기이다.
- 스퀘어(□): 업무, 직업 환경, 윗사람과의 관계에서 스트레스를 받을 수 있다. 부정적이고 우울해질 수 있다. 책임과 의무가 가중될 수 있다. 책임, 의무, 압박, 갈등, 도전 등의 이슈들을 회피하기보다는 정면으로 맞서 해결한다면 보상이 올 수 있다.

---

3. ♄$_{(TR)}$의 사인: 사인 에너지를 어떻게 현실적, 생산적, 실용적으로 사용할지 생각해본다.

- **Ex1** ♄$_{(TR)}$의 사인이 ♓일 때: 상상력과 창의력을 어떻게 현실적이고 구체적

으로 발현할 것인지를 생각해 본다. 격리되고 소외된 사람들을 위한 구호 활동과 봉사 활동을 실천하기도 좋고, 그러한 단체를 이끌어 나가는 역할을 하기도 좋다.

- **Ex2** ♄(TR)의 사인이 ♍일 때: 사회적 성공을 이루기 위해 오류를 수정하고 부족한 부분을 보완하기 좋다. 현실적이고 생산적인 계획을 세우고 이끌어 나아가는 실무 책임자의 역할을 하기 좋다. 건강을 위하여 금연, 금주, 올바른 식습관, 꾸준한 운동을 시작하기 좋다. 과도한 완벽주의로 인한 갈등과 스트레스는 조심해야 한다.

4. ♄(TR)의 각도(☌, ☍, □)

♄(TR)		네이탈 차트 행성들과 4개의 앵글들
책임, 의무, 규칙, 한계, 현실, 생산성, 응축, 집중, 단절, 구체화, 결합, 현실적인 테스트, 지연, 현실적인 보상 (일, 노력 등의), 장기적인 계획 등	☉	현실적인 평가를 받는 기간. 열심히 살아왔다면 보상이 올 수도 있지만, 그렇지 않았다면 도태되거나 윗사람과 갈등이 커질 수 있다. 도움이 되지 않는 일, 관계, 습관 등을 정리하기 좋다. 목표를 달성하기 위해 계획을 세우고 노력하는 기간이다.
	☽	감정적 안정감을 구축하기 위해 무엇이 필요한지를 생각해보기 좋다. 어머니 또는 가족들의 책임자 역할을 할 수도 있고, 그들과의 관계가 단절될 수도 있다. 책임과 의무에 대한 심적 압박이 있을 수 있다. 우울감이나 부정적인 감정들은 조심해야 한다.
	☿	생각과 아이디어를 구체적으로 정립하기 좋다. 부정적이고 냉소적인 소통, 편견, 아집 등은 조심해야 한다. 시작한 무언가를 마무리하기 좋다. 열심히 배우고 습득하는 시기이다.

	♀	관계에서 책임과 의무를 배우는 기간이다. 관계를 매우 현실적으로 냉정하게 볼 수 있는 시기이며, 나에게 도움이 되지 않는 관계를 정리하기도 좋다. 장기적인 금전 계획을 세우기 좋으며 안정적인 자산에 투자하는 것이 좋다. 자존감에 대한 이슈가 있을 수 있다.
	♂	나의 인생의 목표와 내가 원하는 것을 현실적이고 생산적인 관점으로 바라보기 좋다. 목표를 달성하고 원하는 것을 갖기 위해 어떠한 훈련과 과정이 필요한지를 생각해보기 좋다. 욕구불만, 피로감, 활력 저하 등은 주의해야 한다. 규칙적으로 운동하기 좋다.
	♃	나의 믿음, 비전, 철학 등을 구체화하기 좋다. 나의 믿음과 신념에 대해 책임을 지는 시기이다. 성공과 명예를 얻기 위해 필요한 지식과 교육이 무엇인지를 생각해보기 좋다.
	As	지난 30여 년간의 인생을 평가받는 기간이다. 노력의 대가를 받을 수도 있고 실패와 좌절을 경험할 수도 있다. 성공을 위해 노력하고 인내하는 시기이다. 더 이상 나에게 필요 없는 일, 습관, 관계 등을 끊어 내기 좋다. 모든 것을 컨트롤하려고 하거나 우울감, 피로감 등은 조심해야 한다. 계획했던 일들이 지연되거나 더디게 진행될 수 있다.
	Mc	승진을 하거나 현실적인 보상(월급 인상)을 받을 수 있다. 반대로 해고, 감봉 또는 윗사람과 갈등이 생길 수 있다. 성공에 대한 욕구가 강해질 수 있다. 자의적으로 책임과 의무를 지고 열심히 일한다면 트랜짓 ♄이 열번째 하우스를 떠날 때(약 2년 6개월 후) 보상을 받을 수도 있다.
	Ds	내가 맺고 있는 관계를 현실적으로 바라보는 기간이다. 관계가 단단해지거나 결실(결혼, 약혼 등)을 맺을 수 있다. 관계가 냉랭해지거나 끝날 수도 있다. 명예와 지위가 있는 사람을 만날 수도 있고, 보수적이고 지배적인 사람을 만날 수도 있다. 관계에서 스스로 책임과 의무를 다하려고 할 수도 있고 상대가 나에게 책임과 의무를 지울 수도 있다.
	Ic	집과 가족에 대한 책임감과 의무감이 강해지는 시기이다. 자의적으로 책임과 의무를 질 수도 있고 가족들이 떠넘길 수도 있다. 나의 기초와 기반이 단단해질 수 있다. 집을 짓거나 개보수하기 좋은 기간일 수 있다.

5. 연습문제: ♄(TR)의 키워드와 하우스의 키워드를 조합하여 연습해보자.[3]

♄(TR)	12 하우스	
책임, 의무, 규칙, 한계, 현실, 생산성, 응축, 집중, 단절, 구체화, 결합, 현실적인 테스트, 지연, 현실적인 보상(일, 노력 등의), 장기적인 계획 등	1st	♄(TR)과 As 참조
	2nd	장기적인 재정 계획을 세우기 좋다(노후 대책). 안정적인 자산에 장기로 투자하거나 필요 없는 지출을 줄이고 목돈을 모으는 계획을 짜기에도 좋다. 세상에 판매할 수 있는 나의 능력(수입 능력)을 숙련시키고 훈련시키는 기간이다. 미래를 위해 능력 개발에 투자하는 것도 좋다.
	3rd	
	4th	♄(TR)과 Ic 참조
	5th	창의력을 구체화하고 현실화하기 좋다. 클래식 악기, 가죽 공예, 목공 등의 취미 생활이 도움이 될 수 있다. 아이들에게 적절한 규율과 규범을 가르치기 좋을 수 있으며 어린이와 관련된 교육사업을 하기에도 좋다. 도박이나 불행한 연애를 끊기 좋다.
	6th	
	7th	♄(TR)과 Ds 참조
	8th	
	9th	나의 믿음, 철학, 이상 등을 현실에 적용하기 좋은 기간일 수 있다. 산재하였던 지식을 정리하고 한 곳에 집중하기에 좋으며 타인을 가르치는 것도 좋다. 미처 마치지 못한 공부를 끝내기도 좋다. 나만의 믿음, 철학, 이상만을 고집하고 새로운 학문, 철학, 종교 등을 배척할 수도 있다.
	10th	♄(TR)과 Mc 참조
	11th	
	12th	

---

3 위의 연습문제의 정답은 없습니다.

필자는 트랜짓 ♅, ♆, ♇, ☫의 사인, 트랜짓 ♃, ♄, ♅, ♆, ♇, ☫과 네이탈 ♃, ♄, ♅, ♆, ♇, ☫의 각도는 세계적인(Mundane) 이슈 또는 사회적인 이슈를 볼 때 고려한다. 개인 차트를 해석할 시에는 중요하게 고려하지는 않는다.

4. 카이런(⚷) 트랜짓

1. ⚷(TR)의 의미

- 소외되고 이방인이 되는 느낌과 경험
- 권리를 박탈당하는 느낌과 경험
- 상처를 인식하고 받아들이는 기간
- 자신의 인생을 되돌아보고 상처를 치유하고 요양하기 좋은 기간(동종 요법, 대체 요법, 자연 친화적인 요법 등)
- 나의 거친(wild) 내면과 마주치는 경험(본능과 이성의 충돌)
- 남과 다른 관점과 생각을 발견할 수 있는 기간
- 훌륭한 멘토와 스승을 만날 수도 있고 그러한 역할을 할 수도 있다.
- 유체이탈, 임사 체험, 영적 각성 등

2. ⚷의 주기

⚷의 주기는 약 50년이며 움직임은 일정하지 않다. ⚷(TR) ♂ ⚷(N) 즉 ⚷ 리턴^{Return} 시기에 나의 50년 인생을 되돌아보고 상처를 받아들이고 치유하기 좋다. 남은 인생을 어떻게 의미 있게 살아가야 하는지를 생각해 보기 좋은 시간이다. 무엇

인가가 나를 일깨우고 각성 시켜 한층 성숙한 인간으로 성장할 수도 있다. 의욕 상실, 무기력, 상실감, 갱년기 증상이 나타날 수 있다.

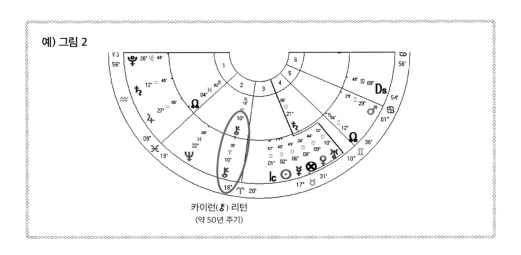

예) 그림 2

카이런(⚷) 리턴
(약 50년 주기)

3. ⚷(TR)의 각도(☌, ☍, □)

⚷(TR)		네이탈 차트 행성들과 4개의 앵글들
상처를 받아들임, 소외, 박탈, 이방인, 자신의 거친(야성)면과의 대면, 건강 이슈, 사고, 치유, 요양, 휴식, 치유, 멘토, 스승, 각성 등	☉	자신을 치유하고 건강한 자아를 회복하기 좋은기간이다. 새로운 일을 시작하기에는 좋은 기간은 아니다. 에너지 레벨이 낮아지고 쉽게 피로해질 수 있다. 아버지와의 관계를 회복하기에 좋은 시기이다. 권리 박탈, 소외감 등의 이슈가 있을 수 있다.
	☽	어머니 또는 가족 간의 관계 회복을 하기 좋은 시기이다. 자신의 감정적 상처를 치유하고 어디에 소속되어야 편안한지를 찾는 기간이다. 자신을 잘 돌봐야 한다. 외로움을 많이 느끼거나 예민해질 수 있다.

	☿	형제자매, 친구, 친척들과의 관계를 회복하기 좋은 시기이다. 말로써 받은 상처 또는 배움에 있어서 받은 상처를 치유하기 좋다. 남과 다른 생각과 아이디어로 업적을 남길 수도 있다. 이전에 이해하지 못했던 공부를 다시 시작하는 것도 좋다. 남과 다른 생각을 강하게 주장하여 권리 박탈을 당할 수도 있다. 소통에서 오해와 곡해는 조심해야 한다.
	♀	관계에서 받은 상처를 회복하기 좋은 시기이다. 관계 또는 소유물에 대한 가치관의 변화가 있을 수 있다. 이전과는 다른 미적 감각으로 새로운 아름다움을 창조할 수도 있다. 손해 보는 관계를 맺을 수도 있고, 금전 거래에서 손해를 볼 수도 있다.
	♂	활력과 면역력이 저하될 수 있다. 적절한 나의 주장을 하기 힘들 수 있다. 인생의 목표와 방향에 혼란이 올 수 있다. 나의 인생의 목표를 되돌아보고 수정하기에 좋은 시기이다. 요가, 필라테스, 명상, 도수 치료 등으로 건강을 돌보기 좋다. 타인의 건강을 돌봐주는 치유자 역할을 할 수도 있다.
	As	나의 상처를 대면하는 기간이다. 나의 이미지, 외모, 건강 등에 대한 상처를 치유하기 좋은 기간이다. 내가 속해 있는 그룹을 떠나 새로운 그룹에 소속되기를 원할 수도 있다. 고립되어 있고 소외된 느낌과 경험을 할 수 있다. 나의 야만적인 모습으로 인하여 사건 사고가 일어날 수도 있다. 입원, 요양, 휴양하기 좋은 기간이다.
	Mc	직장과 사회생활에서 입은 상처를 치유하기 좋다. 가르치는 일 또는 치유와 관련된 일에 관심이 생길 수도 있다. 직장과 사회에서 권리박탈을 당하거나 외톨이가 될 수도 있다. 건강을 돌보기 위해 잠시 일을 쉬는 것도 좋을 수 있다. 외국 관련 업무를 맡거나 외국으로 파견 나가는 것도 좋다.
	Ds	외면했던 관계에서의 상처를 받아들이고 치유하는 시간이다. 타인의 상처를 이해하고 치유해 줄 수도 있다. 관계에서의 외로움과 박탈감을 느낄 수 있다. 관계 회복을 위하여 잠시 떨어져 있는 것도 나쁘지 않다. 손해 보는 관계를 맺을 수 있고 힐링이 되는 관계를 맺을 수도 있다. 외국인과 관계를 맺을 수 있다.
	Ic	가족 관계에서 입은 상처와 아픔을 치유하기 좋은 기간이다. 가족 구성원이 아플 수도 있고 돌봐줘야 하는 상황이 생길 수도 있다. 가족관계에서 소외되고 외톨이가 되는 느낌과 경험을 할 수 있다. 가족 구성원의 변화가 일어날 수 있다. 진정한 안식처를 찾기 위해 집을 떠날 수도 있다.

4. 연습문제: ⚷(TR)의 키워드와 하우스의 키워드를 조합하여 연습해보자.[4]

⚷(TR)	12 하우스	
상처를 받아들임, 소외, 박탈, 이방인, 자신의 거친(야성)면과의 대면, 건강 이슈, 사고, 치유, 요양, 휴식, 치유, 멘토, 스승, 각성 등	1st	⚷(TR)과 As 참조
	2nd	
	3rd	세상 또는 타인과의 소통에서 입은 상처와 아픔을 치유하기 좋다. 대체 요법, 외국어, 명상, 아로마 테라피, 요가, 점성학, 사주, 타로 등의 공부를 하기에도 좋다.
	4th	⚷(TR)과 Ic 참조
	5th	아이들과의 관계를 개선하기에 좋은 시기이다. 아이들에게 멘토의 역할을 하는 것도 좋다. 연애에서 입은 상처와 아픔을 치유하기 좋다. 소외되고 상처 입은 사람 또는 현명하고 지혜로운 사람과 연애를 할 수도 있다. 창의력을 남과 다르게 표현할 수도 있다.
	6th	
	7th	⚷(TR)과 Ds 참조
	8th	
	9th	
	10th	⚷(TR)과 Mc 참조
	11th	그룹에서의 권리 박탈을 당하거나 외톨이가 될 수 있다. 대체 요법, 동종요법, 힐링, 치유에 관련된 그룹에 관심이 생길 수도 있다. 소외되고 상처받은 사람들을 위한 단체에서 멘토나 치유자 역할을 하는 것도 좋다.
	12th	

---

4 위의 연습문제의 정답은 없습니다.

트랜짓 ♅, ♆, ♇의 경험

- 익숙하지 않고 불확실한 에너지

- 인식하기 힘들고 통제하기 힘든 영향력

- 새로운 경험의 시작, 새로운 인식에 의한 변화

- 갈등과 도전으로 인한 새로운 가치관의 성립

- 아픔, 슬픔, 끝맺음, 떠나보내기, 단절 등의 경험을 통한 성장

- 트랜짓 ♅, ♆, ♇의 경험은 사람이 죽음을 받아들이는 5단계와 비슷하다(엘리자베스 퀴블러스 이론).
  부정Denial → 분노Anger → 타협Bargaining → 우울Depression → 수용Acceptance

5. 천왕성(♅) 트랜짓

1. ♅(TR)의 의미

- 새로운 인식Awakening에 의한 변화
- 변화를 받아들이고 미래로 나아가는 시기
- 자신만의 독창성Unique을 발전시키는 시기
- 자신만의 시간과 공간이 중요해지는 시기(자유와 독립)
- 변화를 주도하고 사람들을 일깨우는 선구자의 역할
- 예기치 못한 변화로 인한 분리와 단절
- 갑작스러운 이별 또는 만남
- 기존의 관습과 전통에서 벗어나려 하는
- 예기치 못한 사건, 사고
- 감정 기복, 신경과민, 불면증, 초조, 불안, 쉬지 못하는 등의 정신적인 문제

2. ♅의 주기

1) ♅의 주기는 약 84년이다. 하나의 사인 또는 하나의 하우스(이퀄 하우스)에 통과하는 기간은 약 7년이다. ♅(TR)과 ♅(N)은 약 20~22(만 나이)세에 스퀘

어(□)를 이룬다. 질풍노도의 시기일 수 있다. 집과 가족의 급작스러운 변화, 전공 분야 또는 직업에 변화 등의 이슈가 생길 수 있다. 예기치 못한 일로(결혼, 임신, 가출 등) 주변을 놀라게 할 수도 있다. 이 나이 때에 어떠한 이슈가 있었는지를 생각해 보자.

예) 그림 3-1

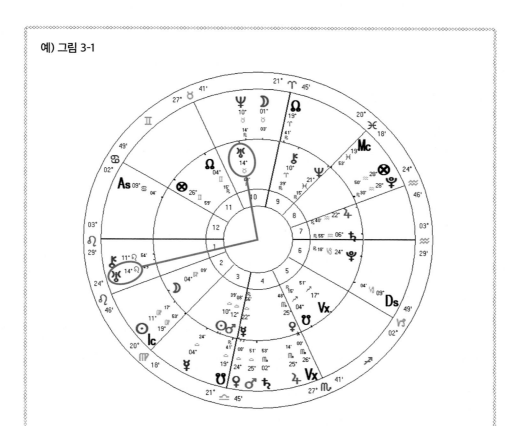

♅(TR)은 첫 번째 하우스, 네이탈 ♅은 열 번째 하우스에 위치한다. 첫 번째 하우스 영역(성격, 정체성, 이미지, 건강)에서의 새로운 인식과 변화가 10번째 하우스 영역(직업, 지위, 사회적 위치)에 영향을 줄 수 있다.

2) ♅(TR)과 ♅(N)은 약 41~42살(만 나이)세에 어퍼지션(☍)을 이룬다. 이때는 진
   정으로 원하는 것을 하기 위해 위험을 감수하고 새롭게 시작하고 도전하는
   시기일 수 있다. 이전과는 전혀 다른 일을 시작할 수도 있고 결혼, 이혼 등을
   할 수도 있다. 급하고 충동적인 결정과 행동은 조심해야 할 필요가 있다.

예) 그림 3-2

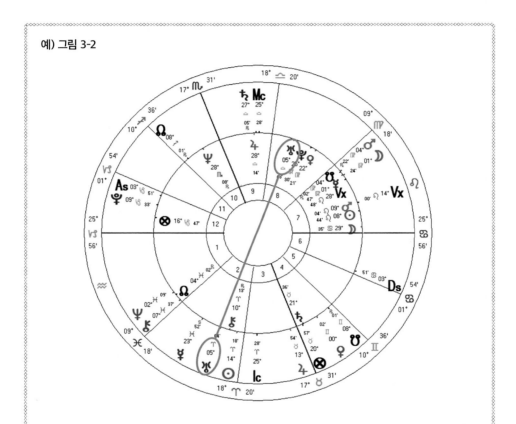

♅(TR)이 두 번째 하우스에 위치하고 네이탈 ♅이 여덟 번째 하우스에 위치한다. 두
번째 하우스(돈, 소유물, 수입 능력) 영역에서의 새로운 인식과 변화가 여덟 번째 하우
스(친밀한 관계, 공동 소유물, 유산, 동업 관계) 영역에 영향을 줄 수 있다.

3. 트랜짓 ♅의 각도(☌, ☍, □)

♅(TR)		네이탈 차트 행성들과 4개의 앵글들
새로운 인식, 일깨움, 변화, 자유, 독립, 단절, 독창성, 개인성, 위험 감수, 예기치 못한 사건, 사고, 스트레스, 충동적인 등	☉	정체성에 대한 새로운 인식과 변화. 위험을 감수하고 새로운 도전과 시작. 자유와 독립의 이슈가 부각되는 기간. 급하고 충동적일 수 있다. 아버지와의 관계의 변화. 예기치 못한 사건과 사고. 이유를 알 수 없는 분리와 단절 등
	☽	안전감, 소속감, 유대감, 니즈Needs에 새로운 인식 또는 변화. 새로운 안식처로의 이동(이민, 이사). 어머니(양육자) 또는 가족들과의 관계의 변화. 충동, 불안, 초조, 조울 등의 감정적 이슈
	☿	오래되고 경직된 생각에서부터 벗어나는 기간. 새로운 생각과 지식을 받아들이기 좋은 시기. 새로운 방식의 소통, 새로운 공부, 새로운 아이디어. 신경계통의 스트레스(불안, 초조, 공황 등)를 호흡법, 명상, 운동 등으로 이완 시킬 필요가 있다.
	♀	관계 또는 소유물에 대한 가치관의 변화. 예상치 못한 이별 또는 만남. 나에게 도움이 되지 않는 관계를 정리하기 좋은 기간. 관계에 대한 새로운 인식으로 이전과 다른 성향의 사람 만날 수 있다. 미적 감각과 취향의 변화. 예기치 못한 돈과 소유물의 급작스러운 변화(예상치 못한 수입 또는 지출)
	♂	자신의 주장과 욕구가 강해지는 시기이다. 인생의 목표에 새로운 인식과 변화가 올 수 있다. 목표를 충동적으로 급작스럽게 바꿀 수도 있다. 매우 주관적이고 앞만 바라볼 수 있다. 성급함으로 인한 사건 사고 등을 조심해야 한다. 운동과 야외활동을 하기 좋다.
	♃	경계를 벗어나 인생의 의미와 진리를 찾아 나서기 좋은 시기이다. 모험과 여행을 하기 좋다. 새로운 교육, 철학, 종교 등을 배우고 습득하기 좋다. 매우 신나고 흥분되는 기간이다.

	♄	기존의 경계와 구조가 파괴되는 기간이다. 오래된 규칙과 규범으로부터 벗어나고 싶을 수 있으며 책임감, 의무감으로부터 자유로워지고 싶은 욕구가 강해질 수 있다(회피할 수도 있다).
	As	새로운 자아의 발견 또는 새로운 인생을 시작할 수 있다. 위험을 감수하고 앞으로 나아가는 시기. 이전과 다른 접근 방식. 변화의 시간. 자유와 독립의 이슈. 예기치 못한 사건, 사고
	Mc	일에 대한 새로운 인식과 변화. 직업과 사회적 위치의 예기치 못한 변화. 예기치 못한 직업환경의 변화(파산, 합병 등). 내 사업을 시작할 수도 있고 새로운 직업을 찾아 나설 수도 있다. 독창적이고 미래지향적인 일을 찾을 수 있다.
	Ds	관계에서의 새로운 인식과 변화. 관계에서 의존 VS 자유, 헌신 VS 독립의 이슈. 기존 관계의 단절 또는 새로운 관계의 시작. 예기치 못한 이별 또는 만남
	Ic	집과 가족의 급작스러운 변화. 새로운 가족 구성원이 생기거나 기존의 가족 구성원이 떠날 수 있다. 예기치 못한 집안 환경의 변화. 나만의 공간을 갖기 위해 집을 떠날 수 있다. 이사를 하거나 이민을 가기에 좋은 시기일 수 있다. 감정적 안정감의 이슈가 있을 수 있다.

4. 연습문제: ♅(TR)의 키워드와 하우스의 키워드를 조합하여 연습해보자.[5]

♅(TR)	12 하우스	
새로운 인식, 일깨움, 변화, 자유, 독립, 단절, 독창성, 개인성, 위험 감수, 예기치 못한 사건, 사고, 스트레스, 충동적인 등	1st	♅(TR)과 As 참조
	2nd	돈과 소유물에 대한 새로운 인식이 생길 수 있고, 재정에 예기치 못한 변화가 생길 수 있다. 새로운 수입 능력을 발견할 수도 있다. 성급하고 충동적인 투자와 소비는 조심해야 한다.
	3rd	
	4th	♅(TR)과 Ic 참조
	5th	
	6th	내가 하고 싶었던 일을 찾아 떠날 수 있고 예기치 못한 상황으로 이전과 다른 일을 하거나 이직할 수 있다. 일과 관련된 사람들 또는 직업 환경이 급작스럽게 변할 수 있다. 직장에서 변화가 일어난다면 변화에 적응하는 것이 좋다. 초조, 불안, 불면증, 호흡곤란, 경직, 발작, 구안와사 등의 건강 이슈가 있을 수도 있다.
	7th	♅(TR)과 Ds 참조
	8th	
	9th	새로운 학문, 종교, 철학 등을 접하기 좋은 시기이다. 이전에 경험하지 못한 외국문물에 관심이 생길 수 있다. 인생의 의미 또는 믿음에 새로운 각성 또는 변화가 일어날 수 있다. 전공을 바꾸거나 대학을 옮길 수 있다. 개종을 할 수도 있다.
	10th	♅(TR)과 Mc 참조
	11th	
	12th	

---

5 위의 연습문제의 정답은 없습니다.

6. 해왕성(♆) 트랜짓

1. ♆(TR)의 의미

- 상상력과 창의력의 증가

- 영적 각성의 경험과 체험

- 새로운 꿈과 희망

- 감정과 감수성이 풍부해지는 기간

- 나보다 위대한 존재와 하나가 되고 싶은 열망

- 배려, 양보, 봉사, 헌신의 기쁨을 느낄 수 있는 기간

- 잘못된 희생과 헌신(사기, 기만 등)

- 경계가 무너지고 혼란이 올 수 있다(망망대해에 떠 있는 듯한 느낌과 경험).

- 우상화, 신격화 후에 오는 씁쓸함

- 단절 또는 예기치 못한 슬픔

- 감정에 휘말려 자신을 잃어버리거나 현실에서 도피하려 할 수 있다.

- 술, 도박, 약물 등의 중독을 조심해야 한다.

- 활력, 기민함, 집중력 등이 떨어질 수 있다.

2. ♆의 주기

♆의 주기는 약 164년이다. 하나의 사인 또는 하나의 하우스(이퀄 하우스)를 통과하는 기간은 약 14년이다. ♆$_{(TR)}$과 ♆$_{(N)}$은 약 40~41(만 나이)세에 스퀘어(□)를 이룬다.

- 진정으로 원하고 꿈꾸던 인생이 무엇인지, 의미 있는 삶을 살고 있었는지를 자신에게 물어보기 좋다.
- 감정과 감수성이 풍부해질 수 있어 창작 활동과 예술 활동을 하기 좋다.
- 종교활동, 봉사 활동, 구호 활동 등에 관심이 커질 수 있다.
- 목적지 없이 바다 위에 둥둥 떠다니는 느낌과 경험을 할 수 있다.
- 자신의 정체성에 대한 혼란과 혼돈이 올 수도 있다.
- 환상과 공상에 빠져 사업을 시작하거나 관계를 맺은 후 큰 낭패를 볼 수 있다.

이 시기에는 주변 사람들의 조언을 귀담아들을 필요가 있다. 한걸음 물러나서 정신적 건강과 육체적 건강을 돌보며 휴양하기 좋다.

예) 그림 4

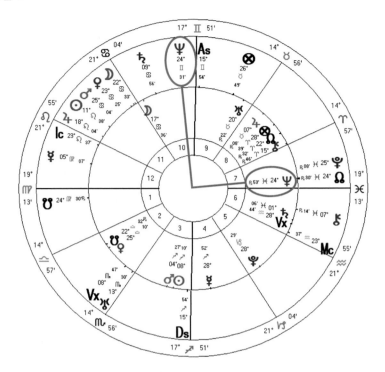

Ψ(TR)이 열 번째 하우스에 위치하고 네이탈 Ψ이 일곱 번째 하우스에 위치한다. 내가 진정으로 원하고 꿈꾸던 일이 무엇인가를 생각해보기 좋다. 만일 진정으로 의미 있는 일을 찾게 된다면 일곱번째 하우스가 의미하는 관계(파트너, 배우자, 친구 등)에도 긍정적인 영향을 미칠 수 있다. 반대로 일과 열 번째 하우스 영역(일, 직업)에서 혼란, 혼돈, 회피, 기만 등의 바람직하지 못한 상황이 일어나게 된다면 일곱 번째 하우스 영역의 관계에서도 부정적 영향(사기, 기만, 잘못된 희생 등)이 올 수 있다.

3. ♆(TR)의 각도(☌, ☍, □)

♆(TR)		네이탈 차트 행성들과 4개의 앵글들
상상력, 공상력, 창의력, 경계가 무너짐, 헌신, 희생, 예민함, 감수성, 혼란, 혼돈, 환상 뒤에 오는 씁쓸함, 슬픔, 공허함, 무기력, 치유, 힐링 등	☉	자신을 잃어버린 것 같은 느낌과 경험. 나의 신념과 인생의 의미에 대한 의문이 들 수 있다. 희망과 믿음을 갖고 조금씩 앞으로 나아가는 것이 좋다. 아버지 또는 남편에게 이슈가 생길 수 있다. 꿈과 환상을 좇아 무모한 도전을 하는 것은 조심해야 한다. 활력 저하, 무기력 등의 문제가 있을 수 있다.
	☽	무의식적으로 필요로 하는 것이 변질될 수 있다. 감정에 휩싸일 수 있으며 안전감에 대한 이슈가 생길 수 있다. 어머니 또는 가족관계에서 이슈가 생길 수 있다. 내가 꿈꾸던 집을 찾아 나설 수 있다. 타인의 감정에 휘말리는 것을 조심해야 한다. 예술가에게는 좋은 시기이다.
	☿	타인과 명확한 소통이 필요하다. 정신적 피로감을 많이 느낄 수 있으며 자주 잠이 올 수 있다. 창의력과 상상력을 글, 그림, 기호, 디자인 등으로 표현하기 좋다. 형이상학, 기호학, 사주, 점성학 등에 관심이 생길 수도 있다.
	♀	사랑에 빠지기 쉬우므로 현실적인 점검이 필요하다. 상상 뒤에 오는 실망감, 지나친 희생 등은 조심해야 한다. 상상력과 창의력을 예술적인 형태로 표현하기 좋다. 금전 관리에 신경 써야 한다. 대박 또는 타인의 말을 믿고 투자하다가 큰 손해를 볼 수 있다. 예술품 투자에 관심이 생길 수 있다.
	♂	육체적 에너지가 약화될 수 있다. 쉽게 지치고 의욕이 저하될 수 있다. 활력에 좋은 음식, 적절한 운동이 필요하다. 성취하고 싶은 꿈이 생길 수 있다. 인생의 목표가 흐지부지해지거나 방향성을 잃을 수 있다. 결정 장애 또는 행동으로 옮기기 힘들 수 있다.
	♃	위대한 존재와 하나가 되고 싶은 열망이 강해질 수 있다. 영적 확장이 일어날 수 있고 신비주의 학문에 관심이 생길 수 있다. 잘못된 신과 허황된 믿음은 주의해야 한다.

♄	매우 힘든 조합이다. 현실과 공상과의 갈등. 기존의 관습과 규칙의 경계가 무너질 수 있다. 책임과 의무를 회피하거나 현실을 도피하려 할 수 있다.	
As	진정한 인생의 꿈과 의미를 찾을 수도 있고 자신을 잃어버릴 수도 있다. 상상력과 창의력을 적극적으로 세상에 표출하기 좋다. 현실적인 판단력이 흐려질 수 있다. 지나친 희생과 헌신은 조심해야 한다. 활력과 면역력이 저하될 수 있다.	
Mc	내가 꿈꾸던 일을 하고 있는지, 의미가 있는 일을 하고 있는지에 대한 의문이 생길 수 있다. 만일 그렇지 않다면 새로운 일을 시작할 수 있다. 현실 도피 또는 환상에 사로잡혀 일을 그만둘 수도 있다. 상상력과 창의력을 직업적으로 발휘하기 좋은 시기이다. 구설수와 스캔들에 휘말리는 것을 조심해야 한다.	
Ds	잘못한 희생과 헌신 또는 상대를 이상화, 우상화하는 것을 조심해야 한다. 타인의 조언과 충고를 귀담아들어 볼 필요가 있다. 이 시기에 결혼한다면 현실적인 점검이 필요하다. 내가 꿈꾸던 이상형을 만날 수도 있고 파트너와 예술, 종교, 봉사 활동 등을 같이 하기 좋다. 너무 현실적이거나 이성적인 사람들에게는 관계를 맺기 좋은 시기일 수도 있다.	
Ic	가족 간의 유대감과 소속감이 약해질 수도 있고 흩어져 있던 가족들이 하나가 될 수도 있다. 가족을 위해 희생하거나 무엇인가를 포기할 수도 있다. 나의 안전감을 잃어버릴 수 있고 이유 없이 불안해질 수도 있다. 집을 편안하고 아름답게 꾸미기에 좋은 시기이다.	

4. 연습문제: Ψ(TR)의 키워드와 하우스의 키워드를 조합하여 연습해보자.[6]

Ψ(TR)	12 하우스	
상상력, 공상력, 창의력, 경계가 무너짐, 헌신, 희생, 예민함, 감수성, 혼란, 혼돈, 환상 뒤에 오는 쓸쓸함, 슬픔, 공허함, 무기력, 치유, 힐링 등	1st	Ψ(TR)과 As 참조
	2nd	
	3rd	치유, 영성, 종교, 복지 등에 관련된 공부에 관심이 생길 수 있다. 소통에서 오해와 곡해가 생길 수 있다. 형제자매, 이웃, 친구들과의 관계를 치유하기도 좋을 수 있으며 그들을 위해 희생할 수도 있다.
	4th	Ψ(TR)과 Ic 참조
	5th	
	6th	내가 꿈꿔왔던 일을 찾을 수도 있고 환상에 사로잡혀 실현 불가능한 일을 찾아 나설 수도 있다. 진정으로 나에게 의미 있는 일이 무엇인지 생각해보기 좋다. 일과 관련된 사람들 관계에서 피해자 또는 희생자가 되는 것을 조심해야 한다. 여가 시간에 그림, 사진, 명상 등의 취미 생활을 하는 것도 좋다. 활력과 면역력이 떨어질 수도 있으며 오 진단, 알코올 중독, 약물 중독 또는 약물 부작용 등을 조심해야 한다.
	7th	Ψ(TR)과 Ds 참조
	8th	
	9th	
	10th	Ψ(TR)과 Mc 참조
	11th	
	12th	영적 성장에 도움이 될 수 있는 공부와 활동을 하기 좋은 시기이다. 나보다 위대한 존재와 하나가 되고 싶은 열망이 커질 수 있다. 상상력과 창의력을 자극할 수 있는 취미를 갖기에도 좋다. 봉사 활동, 구호 활동, 선교 활동 등을 하기 좋다. 소외되고 격리된 사람들의 복지에 대해 관심이 생길 수도 있다. 환상과 공상에 빠지게 하는 게임, 마약, 술 등은 조심해야 한다.

---

6 위의 연습문제의 정답은 없습니다.

7. 명왕성(♇) 트랜짓

1. ♇(TR)의 의미

- 변형(transform)의 기간. 더 나은 사람으로 재탄생을 할 수도 있고 지하 세계로 끌려들어 갈 수도 있다. 긍정적인 변형을 이루기 위해서는 내가 그동안 집착하고 놓지 못했던 것들을 떠나보내야(Let go) 가능하다.
- 자신에게 정직해지는 시기
- 나에게 필요 없는 일, 관계, 습관 등을 청소하기 좋다.
- 내 안에 숨겨왔던 상처와 트라우마를 치유하기 좋은 기간
- 한 곳(하나)에 집중하고 끝맺음을 하기 좋다.
- 불법적이고 비윤리적인 일과 행동 또는 숨기고 싶은 치부나 비밀이 드러날 수 있다.
- 힘과 권력에 대한 열망
- 폭력을 행사하거나 폭력 사건에 휘말릴 수 있다.
- 성범죄, 성매매, 데이트 폭력 등의 이슈
- 믿음과 신뢰 vs 배신과 배반
- 컨트롤(지배와 통제)의 이슈. 자신을 컨트롤할 수도 있고 주변을 컨트롤하려 할 수도 있다.
- 우울, 압박, 분노, 강박, 충동, 집착, 질투 등의 부정적 감정

- 큰 성공 또는 큰 실패(흑과 백)

2. ♇의 주기

♇의 주기는 약 248년이며 하나의 사인 또는 하나의 하우스(이퀄 하우스)를 통과하는 기간은 평균 약 21년(12~31년)이다. ♇의 움직임은 불규칙하다. ♇ 주기는 일정하지 않기 때문에 ♇(TR)과 네이탈 차트 ♇과 스퀘어(□)를 이루는 시기(나이)는 다를 수 있지만 60~80년대에 태어난 사람들은 약 36~38(만 나이)세에 스퀘어(□)를 이룬다.

- 나의 비밀과 치부가 드러날 수 있다.
- 외면하고 숨겨왔던 문제들이 수면 위로 떠 오르고 과거의 이슈들과 다시 맞
  닥트릴 수 있다.
- 명왕성과 같은 사람을 만나서 긍정적인 영향을 받을 수도 있고 부정적인 영
  향을 받을 수도 있다.
- 나의 트라우마와 상처를 대면하고 치유하기 좋다.
- 불법적이고 비윤리적인 일과 행동은 조심해야 한다.

예) 그림 5

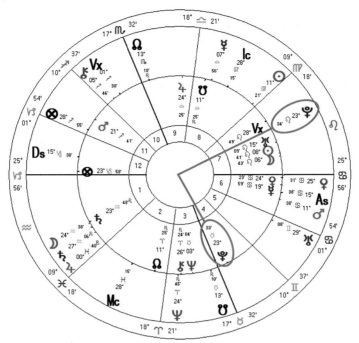

♇(TR)이 일곱 번째 하우스에 위치하고 네이탈 ♇이 네 번째에 위치한다. 정직하고 신뢰할 만할 사람과의 관계를 통하여 가족관계 또는 가정환경에서 입은 상처를 치유할 수도 있고 가정을 꾸릴 수도 있다. 관계에서 사기, 기만, 집착, 분노 등의 문제들이 집과 가족들에게 부정적인 영향을 미칠 수 있다.

3. ♇(TR)의 각도(☌, ☍, □)

♇(TR)		네이탈 차트 행성들과 4개의 앵글들
변형, 재탄생, 슬픔, 상실, 끝맺음, 떠나보내기, 정직, 신뢰, 강렬함, 수면으로 떠 오르는, 집중, 의심, 강요, 강박, 힘, 컨트롤, 죽음, 성(sex), 조작, 속임수, 성공 또는 실패 등	☉	자신의 정체성에 대해 솔직하게 대면하는 시기. 더 나은 사람으로 재탄생하는 경험 또는 나락으로 떨어지는 경험을 할 수 있다. 슬픔, 상실, 트라우마를 대면하고 치유하기 좋다. 나에게 필요 없는 일, 사람, 습관 등을 끝내기 좋다. 아버지와의 관계에 대한 이슈, 힘과 컨트롤에 대한 이슈 등
	☽	감정에 대하여 솔직해질 필요가 있다. 질투, 분노, 집착, 강박 등의 어두운 감정에 휩싸일 수 있다. 내면의 상처와 아픔을 치유하기 좋은 시기. 어머니와의 관계 또는 가족들과 관계에서 숨겨진 이슈들이 드러날 수도 있다.
	☿	한 곳에 집중하여 깊이 연구하고 조사하기 좋은 시기이다. 심리학, 오컬트, 미스터리 등에 관심이 생길 수 있다. 강박적인 생각과 상대에게 상처 주는 말은 조심해야 한다. 형제자매 관계에서의 상처를 치유할 수도 있고 권력 다툼이 일어날 수도 있다.
	♀	관계 또는 소유물에 대한 가치관이 극적으로 바뀔 수 있다. 신뢰 vs 배신, 정직 vs 기만의 이슈. 관계에서 강박적이고 지배적일 수 있다(상대가 나에게 그러할 수도 있다). 큰 소득을 얻을 수도 있고 큰 손실을 볼 수 있다. 과거의 관계에서의 트라우마가 현재 맺고 있는 관계에 부정적인 영향을 미칠 수 있다.
	♂	활력이 저하되고 무기력해질 수 있다. 자신의 요구와 욕구를 억제하다가 폭발할 수 있다. 자신의 분노를 이해하고 해결책을 찾아야 한다. 폭력 사건, 성추문 등에 휘말리는 것은 조심해야 한다. 인생의 목표를 점검하고 필요 없는 요소들을 정리하기 좋다.
	♃	나의 믿음, 철학, 교육방식 등에 대한 변형과 변화. 이전과는 다른 믿음과 종교를 가질 수 있고 새로운 일깨움이 일어날 수도 있다. 자신의 믿음과 종교 등을 이용하여 힘과 권력을 얻으려 할 수도 있고, 타인에게 강요할 수도 있다.

	♄	나의 규칙과 규범에 대한 지각 변동이 올 수 있다. 사회적 위치와 명예에 긍정적 또는 부정적인 변화가 올 수 있다. 기존의 틀을 깨고 더 나은 틀을 구축하기에 좋은 시기이다. 힘과 권력에 대한 욕구가 강해질 수 있다.
	As	나의 성격 또는 세상에 접근하는 방식에 대한 변형(변화)이 있을 수 있다. 나에게 필요 없는 과거의 이슈들을 떠나보내기 좋다. 나의 변형(변화)은 관계에도 큰 영향을 미칠 수 있다. 금연. 금주, 다이어트 등을 하기 좋은 시기이다.
	Mc	큰 포상, 승진 또는 더 나은 직장으로 이직의 기회가 올 수도 있고, 과거의 부정적인 일에 기인하여 실직 또는 좌천 등의 일이 일어날 수도 있다. 사회적 위치의 변화가 올 수도 있다(미혼자에서 기혼자로, 누구의 자식에서 누구의 부모로).
	Ds	친밀하고 끈끈한 관계를 맺을 수도 있고 관계가 끝날 수도 있다. 내가 상대를 기만할 수도 상대가 나를 기만할 수도 있다. 상대를 지배하느냐 상대에게 지배를 당하느냐의 이슈가 생길 수 있다. 강렬하고 힘 있는 사람이 나를 긍정적으로 변화시킬 수도 있고 부정적으로 변화시킬 수도 있다.
	Ic	가족들과의 유대감이 단단해질 수도 있고 끊어질 수도 있다. 가족 구성원 중 일부가 떠나갈 수도 있다(사망, 결혼 등). 상속 또는 증여를 받을 수도 있고 대상에서 제외될 수도 있다. 집안의 숨기고 싶은 비밀 또는 금기시해온 이슈가 드러날 수 있다. 하자 보수를 하기 좋다(방수, 정화조, 바닥 교체 등). 불법적인 부동산 거래, 전세 및 월세 사기 등은 조심해야 한다. 부동산 투자로 큰 이익 또는 큰 손실을 볼 수 있다.

4. 연습문제: ♇(TR)의 키워드와 하우스의 키워드를 조합하여 연습해보자.

♇(TR)		12 하우스
변형, 재탄생, 슬픔, 상실, 끝맺음, 떠나보내기, 정직, 신뢰, 강렬함, 수면으로 떠 오르는, 집중, 의심, 강요, 강박, 힘, 컨트롤, 죽음, 성(sex), 조작, 속임수, 성공 또는 실패 등	1st	♇(TR)과 As 참조
	2nd	금전과 소유물에 대한 집착, 강박 등이 나타날 수 있다. 이전의 소유물에 대한 가치관을 버리고 더 나은 가치관을 성립할 수도 있다. 큰 이득 또는 큰 손실이 발생할 수도 있다. 숨겨진 나의 수입 능력을 발견할 수 있다.
	3rd	
	4th	♇(TR)과 Ic 참조
	5th	
	6th	
	7th	♇(TR)과 Ds 참조
	8th	친밀한 관계에서 정직과 믿음의 이슈가 부각될 수 있다. 관계가 더욱 친밀해질 수도 있고 끝날 수도 있다. 서로 숨겨놓았던 문제들이 수면위로 드러날 수 있다. 부모님 또는 배우자로부터 큰 유산(상속)을 받거나 큰 빚을 떠안을 수도 있다. 심리학, 고고학, 법의학 등에 관심이 생길 수 있다.
	9th	
	10th	♇(TR)과 Mc 참조
	11th	내가 속한 단체에서 힘과 권력을 갖기 원할 수 있다. 카리스마와 리더쉽을 발휘하여 단체를 이끌 수도 있다. 단체 내의 숨겨진 갈등, 비밀, 암투 등이 수면 위로 떠오를 수 있다. 중독적인 습관 또는 트라우마 치유를 도와줄 수 있는 단체에 가입해보는 것도 좋다.
	12th	

8. 트랜짓 해석 연습

예) 예시 1

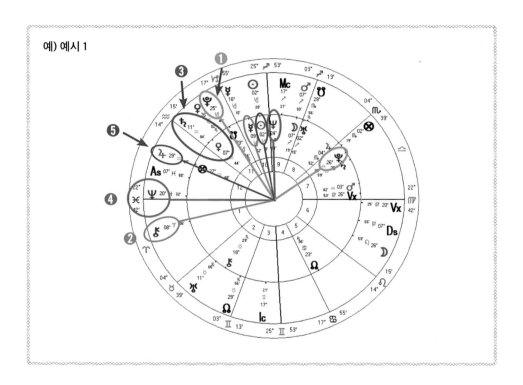

---

1. ♇(TR) □ ♇(♎)

기간: 약 2021년 2월~2022년 12월

- 위의 ♇ 주기 참고(p.47)

- 열한 번째 하우스 영역에서 ♀의 이슈가 일곱 번째 영역에 어떠한 영향을 미칠 수 있는지를 생각해 본다.
- **EX** 관계의 이슈가 부각되는 시기이다. 그룹 또는 단체에서의 사기, 배신, 권력 다툼 등의 부정적인 이슈들이 1:1 관계 또는 동업자와의 관계에 부정적인 영향을 미칠 수 있다.

---

2. ☊(TR) □ ☿(♑)

기간 약: 2021년 3월~2022년 3월
- 이전과는 다른 관점을 배우기 좋은 시기이다.
- 남과 다른 생각과 아이디어로 성과를 낼 수 있다.
- 보편적이지 않은 생각과 관점을 주장하다가 소외되거나 권리박탈을 당할 수도 있다.
- 불명확한 의사 전달과 오해와 곡해 등은 주의해야 한다.
- 외국어, 치유 관련, 점성학, 사주 등의 공부를 하기 좋다.
- 이해하기 어려워서 중단했던 공부를 다시 해보기에도 좋다.
- 말과 글로써 타인을 가르치고 치유하기 좋다.
- 형제자매, 사촌, 친구들과의 관계어서 소외되거나 상처를 받을 수도 있고, 그들과의 관계를 회복할 수도 있다.
- 정신적 피로감, 기관지, 폐, 호흡 곤란, 난독증 등의 문제가 생길 수 있다.
- 첫 번째 하우스 영역에서의 ☊의 이슈가 10번째 하우스 영역에 어떠한 영향을 미칠 수 있는지를 생각해 본다.

- **EX** 상처, 외로움, 권리 박탈, 소속감에 대한 이슈들을 극복한 경험과 지혜를 통하여 사람들을 치유하고 가르쳐주는 일을 할 수도 있다.

3. ♄(TR) ♂ ♀(♒)

기간 약: 2021년 1월~2021년 11월
- 관계와 소유물에 대하여 보수적이고 방어적인 성향을 보일 수 있다.
- 현재 맺고 있는 관계들을 현실적으로 바라보는 시기이다. 관계가 더욱더 단단해질 수도 있고 끝날 수도 있다(특히 열한 번째 하우스 관계).
- 돈과 소유물 또는 관계에서 책임과 의무의 이슈가 부각될 수 있다.
- 존경스럽고 믿음직한 사람과의 관계를 맺을 수도 있고, 고지식하고 타협하기 힘든 사람을 만나 스트레스를 받을 수도 있다.
- 장기적이고 현실적인 금전계획을 세우기 좋다.
- 안전 자산에 투자하거나 근검절약을 실행하기에 좋다.
- 돈의 흐름이 지연되거나 세금 문제들이 생길 수도 있다.
- 나의 미적 감각을 현실적이고 생산적으로 표현하기 좋다(디자인, 조각, 공예 등).
- 단체의 재정을 책임지거나 감사하는 역할을 할 수도 있다.

4-1. ♆(TR) ♂ As(♓)

기간 약 2021년 4월~2023년 2월
- 상상력과 창의력이 강해지는 기간이다.

- 내가 꿈꿔왔던 새로운 인생을 시작할 수도 있고 인생의 진정한 의미를 찾을 수도 있다.
- 타인을 배려하고 이해하려는 성향이 강해질 수 있다.
- 외모를 아름답게 가꾸기에 좋은 시기일 수 있다.
- 봉사 활동, 구호 활동, 종교 활동 등을 하기 좋다.
- 정체성과 세상을 살아가는 방식에 혼란과 혼돈이 생길 수 있다.
- 잘못된 희생과 헌신으로 자신을 잃어버리는 것을 조심해야 한다.
- 환상과 공상에 사로잡혀 현실을 무시하고 타인의 조언을 듣지 않을 수 있다.
- 현실 도피를 하기 위해 약물, 알코올 등에 의존할 수 있다.
- 슬픔의 쓰나미를 경험할 수 있다(죽음, 이별, 해고, 불륜 등).
- 활력과 면역력이 저하될 수 있다.

4-2. ♆(TR) □ ♆(♐)

기간 약 2022년 4월~ 2024년 1월
- 위의 ♆ 주기 참고(p.41)
- 위 차트의 경우 네이탈 ♆ ♂ Mc이다. 트랜짓 ♆은 네이탈 해왕성 에너지를 두 배로 증폭시키는 역할을 하고 있다. 직업적 영역에서 해왕성의 영향력이 매우 강해지는 시기이다.

5. ♃(TR) □ ☉(♑)

기간 2022년 5월~ 2023년 1월

- 기회와 행운이 올 수 있는 시기
- 계획한 일을 시작하고 실행하는 시기
- 훌륭한 스승을 만날 수도 있고 스승의 역할을 하기도 좋다.
- 교육, 철학, 종교, 외국인과의 교류 등을 통하여 나를 발전시키기 좋다.
- 유학, 외국계 회사의 취직, 해외 지사로의 발령 등의 기회가 올 수 있다.
- 구속하고 억압했던 것들을 벗어나는 시기. 나의 자유의 이슈가 강해지는 시기이다.
- 무모한 도전 또는 실현 불가능한 비전을 제시하는 것을 조심해야 한다.
- 오만과 편견, 근거 없는 자신감, 자신만의 믿음이 옳다는 생각은 주의해야 한다.
- 활력과 에너지가 이전보다 강해질 수 있으나 에너지 과사용은 조심해야 한다.
- 열두번째 하우스에서 ♃의 영향력이 열번째 하우스에 어떠한 영향력을 미칠 수 있는지를 생각해 본다.
- **EX** 상상력과 창의력을 표출하여 세상에 나의 존재감을 알릴 수도 있고, 비현실적이고 근거 없는 논리를 주장하다가 일을 그르칠 수도 있다.

6. 긍정적인 시나리오와 부정적인 시나리오

- **Ex 1** 긍정적 시나리오

  그동안 집착하고 놓지 못했던 것들을 과감히 청소하고 더 나은 사람으로 태어날 수 있다. 산재된 일들은 정리하고 하나에 집중하기 좋다. 단절과 끝맺음을 받아들이고 새 출발을 할 수 있다(♀ □ ♎).

새로운 관점과 시각을 받아들이고 발전시킬 수 있다. 이전에 이해하지 못했던 생각과 이론을 이해할 수도 있고 남과 다른 생각과 아이디어로 성과를 거둘 수도 있다. 타인의 상처를 치유해주고 지혜를 나누어 주는 훌륭한 스승의 역할을 할 수도 있고 권리를 박탈 당한 사람들과 소외된 사람들을 대변하는 역할을 할 수도 있다. 외국어, 대체 요법, 치유와 관련된 공부, 점성학, 사주 등을 공부하기에 좋은 시기이다. 말이나 글(악플)로써 입은 상처 또는 형제자매, 사촌, 친구 관계에서 입은 상처를 치유하기 좋은 시기이다(⚷ □ ☿).

현재 맺고 있는 관계를 현실적으로 바라보는 시기이다. 도움이 되지 않는 관계를 과감히 끊어 내기 좋다. 믿을 수 있고 신뢰할 만한 사람과 결실을 보기에 좋다(결혼, 약혼 등). 안정적이고 장기적인 자산에 투자하거나 쓸데없는 지출을 줄이기 좋다. 단체, 그룹, 사회적인 모임에서 책임자 역할을 할 수도 있고 내가 원하는 단체를 만들 수도 있다(♄ ☌ ♀).

진정한 인생의 의미를 찾을 수도 있고 나의 꿈과 희망을 찾아 떠날 수도 있다. 나의 상상력과 창의력을 세상에 펼쳐 보일 수 있는 기회를 잡을 수 있다. 세상은 나 혼자 사는 게 아니라 더불어 산다는 의미를 배울 수도 있고 구호 활동, 봉사 활동, 종교 활동 등에 관심이 생길 수도 있다. 나의 영적인 성장을 이룰 수도 있고 나보다 위대한 존재(신)와 하나가 되는 경험을 할 수도 있다. 타인을 포용하고 이해해주고 치유해주는 역할을 하거나 꿈과 희망을 불어 넣어 주는 역할을 하기에도 좋다(♆ ☌ As, ♆ □ ♆).

나의 정체성, 신념, 비전^{Vision}을 세상에 드러내 보이기 좋다. 나를 성장시키고 발전시킬 수 있는 기회를 잡을 수 있다. 안전한 곳을 떠나 위험을 감수하고 더 넓은 세상으로 도전하기에 좋다. 승진하거나 더 나은 직장으로 이직 할 수도 있다. 교육 사업 또는 가르치는 일에 관심이 생길 수 있다(♃ □ ☉).

• **Ex 2** 부정적 시나리오
나의 숨기고 싶은 과거, 비밀, 치부 등이 드러날 수 있다. 과거의 불법적이고 비윤리적인 행동이 발각되어 현재의 삶에 부정적 영향을 미칠 수 있다. 힘과 권력을 얻기 위해 타인을 기만하거나 불법적인 행동을 할 수도 있다. 집착, 분노, 질투 등의 부정적인 감정에 휩싸여 폭력적인 성향을 보이거나 무자비한 행동을 할 수도 있다. 성^{Sex}과 관련된 문제(성매매, 성추행 등)가 생길 수도 있다. 우울하고 비관적인 감정에 휩싸일 수 있다(♀ □ ♇).

남과 다른 생각과 관점을 강하게 주장하여 무리에서 소외되거나 권리를 박탈 당할 수 있다. 자신의 생각과 아이디어를 명확하게 전달하지 못할 수도 있고 소통에서 오해와 곡해가 있을 수도 있다. 기억력, 이해력, 집중력이 떨어질 수 있고 쉽게 피로감이 올 수도 있다. 시험 답안지를 밀려 쓰거나 계약서 내용을 잘못 이해하는 실수들을 저지를 수도 있다. 손발의 움직임이 둔화하거나 폐나 기관지에 문제가 생길 수도 있다(♄ □ ☿).

관계에서 지배하려고 하고 컨트롤하려 할 수 있다. 파트너를 의심하고 불신하여 관계를 냉정하게 끝낼 수도 있다. 파트너에게 매우 방어적이고 냉소적인 태도를 보일 수 있다. 그룹, 단체, 모임 등에서 자기 마음대로 하려고 할 수도 있고 자신의 책임과 의무를 회피하려고 할 수도 있다. 단체에 당연히

지불해야 할 금전(회비, 참가비 등)을 미루고 회피하려 하다가 망신을 당할 수도 있다. 세금, 빚, 채무 관계 등으로 인한 압박과 스트레스를 받을 수 있다. 돈의 흐름이 지연되거나 빌려준 돈을 못 받을 수도 있다(♄ ☌ ♀).

환상과 공상에 사로잡혀 타인의 조언을 듣지 않고 현실적인 판단을 하지 못하여 큰 낭패를 볼 수 있다. 타인을 우상화하거나 잘못된 믿음, 잘못된 헌신으로 자기 자신을 잃어버릴 수 있다. 기존에 세워 놓았던 인생의 목표, 방향성, 신념 등에 혼란이 올 수도 있다. 비현실적인 이상주의, 자신이 믿는 종교, 음모론 등을 강하게 주장하여 타인의 눈살을 찌푸리게 할 수도 있다. 현실을 도피하기 위해 술, 마약, 게임 등에 중독될 수도 있다. 자신의 정체성에 대한 혼란과 혼돈으로 인하여 기존의 관계에 부정적 영향을 미칠 수 있다. 매우 예민해지고 감정을 주체하지 못할 수 있으며 주변 환경 또는 사람들에게 휘둘릴 수 있다. 활력과 면역력이 저하될 수 있고 오진단, 약물 부작용, 바이러스성 전염병 등을 조심해야 한다(♆ ☌ As, ♆ □ ♆).

섬세함과 현실성이 없는 비전과 확장은 큰 위험을 초래할 수 있다. 근자감, 오만, 독단적인 성향으로 일을 그르치거나 사람들을 떠나게 할 수도 있다. 자신을 과장하거나 과시하려는 욕구로 과소비를 하거나 빚을 질 수 있다. 타인을 위한다는 명분으로 그들이 원하지 않는 간섭을 하거나 자신의 믿음을 강요할 수도 있다. 에너지를 과사용 하거나 여러 곳에 산개해서 사용하다가 아무런 결과를 내지 못할 수도 있고 육체적으로 무리가 올 수 있다(♃ □ ☉).

例) 예시 2

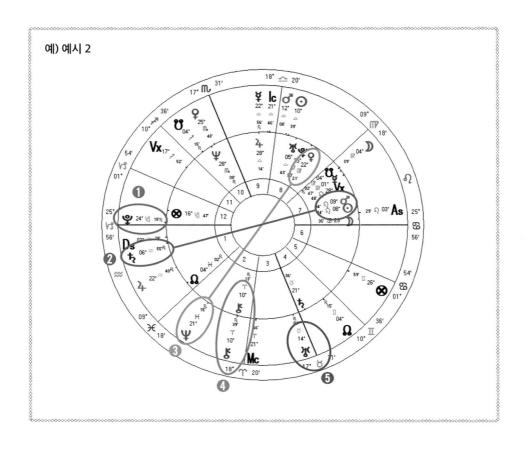

---

1. ♇(TR) ♂ As(♑)

기간: 약 2021년 1월~약 2022년 11월까지

- 숨겨온 슬픔, 아픔, 트라우마, 상처 등을 솔직하게 대면하고 치유하기 좋다.

- 나에게 필요 없는 일, 사람, 습관 등을 정리하기 좋다.

- 내 안에 숨겨진 힘과 능력을 발견할 수 있다. 조사하고 연구하고 하나에 집중
  하기 좋다.

- 세상으로 나아가는 방식이 진지하고 신중해질 수 있다.

- 우울하고 비관적이고 지하세계로 끌려가는 느낌과 경험을 할 수 있다.
- 부정적인 감정에 휘말릴 수 있다(집착, 질투, 분노, 우울 등).
- 숨기고 싶은 비밀 또는 치부가 폭로될 수 있다.
- 사기, 기만, 배신 등을 당할 수도 있고, 내가 그렇게 할 수도 있다.
- 힘과 권력에 대한 열망이 강해질 수 있다. 긍정적인 방법으로 추구할 수도 있고, 부정적인 방법으로 추구할 수도 있다.
- 수술이나 시술을 받기에도 나쁘지 않다(외과적 수술, 성형 수술, 항암 치료 등).
- 폭력 사건 또는 불법적인 일에 휘말리지 않도록 조심해야 한다.
- 이유를 알 수 없는 단절 또는 가족, 친구, 반려동물의 죽음으로 인한 아픔과 슬픔을 경험할 수도 있다.

> **Check Point**
>
> 트랜짓 행성이 앵글에 ♂ 되면 반대편 앵글에 ☍ 영향을 준다는 것을 기억해야 한다. 위의 경우 ♇(TR) ♂ As(N)이므로 Ds(N)와는 ☍을 이룬다. 더 나은 사람으로 재탄생하였다면 이전보다 나은 관계를 맺을 확률이 높을 수 있다. 그러나 지하세계로 끌려들어 갔다면 관계 역시 그렇게 될 확률이 높다.
>
> ♂된 앵글보다 ☍된 앵글에서 트랜짓 행성의 영향력이 강하게 나타날 수 있다. 위의 경우 Ds(N)에 ♇ 영향력이 강하게 나타날 수 있다.

2. 트랜짓 ♄(TR) ☍ ☉(Ω), ♂(Ω)

기간: 약 2021년 3월~2021년 12월

- 나의 신념과 인생의 목표를 현실적, 객관적으로 보기 좋다.
- 얼마나 노력해왔고 무엇을 성취했는지를 생각해보기 좋다.
- 집중하고 꾸준히 노력하는 시기이다. 미래를 위해 계획하고 준비하기 좋다.

- 현실적으로 도움이 되지 않는 관계를 정리하기 좋다(☉, ♂ 일곱 번째 하우스).
- 계약, 만남, 일의 진행 등이 지연될 수 있다.
- 쉽게 피로해지고 활력이 저하될 수 있다.
- ♄과 같은 사람을 만나서 적절한 훈련, 규율, 노하우 등을 배울 수도 있고 억제, 압박, 강요 등을 당할 수도 있다(♂는 관계의 각이다).
- 첫 번째 하우스 영역에서 ♄의 이슈가 일곱 번째 하우스(관계) 영역에 어떠한 영향을 미칠 수 있는지를 생각해본다.
- **EX** 자발적으로 책임과 의무를 수행하고 건강한 정체성을 확립한다면 관계에서도 긍정적인 변화가 올 수 있고 결실(약혼, 결혼)을 맺을 수도 있다.

---

3. ♆(TR) ♂ ♀(♍)

기간: 약 2021년 4월~2023년 1월
- 누군가와 하나가 되고 싶어 한다. 매우 로맨틱하고 동화 같은 관계를 꿈꿀 수 있다.
- 내가 꿈꾸어 왔던 이상형을 만날 수도 있고 힐링이 되는 사람을 만날 수도 있다.
- 영적인 결합을 추구할 수도 있고 영적으로 성숙한 사람을 만날 수도 있다.
- 관계에서 상상 뒤에 오는 씁쓸함을 맛볼 수 있다.
- 비현실적인 사랑을 추구하거나 상대를 우상화할 수 있다.
- 지나친 희생, 삼각관계, 불륜, 기만, 사기 등을 조심해야 한다.
- 이 기간에 약혼 또는 결혼을 하게 된다면 현실적인 부분을 따져볼 필요가 있다.
- 타인과 돈 거래 또는 타인의 말만 믿고 투자하는 것은 조심해야 한다.
- 나의 예술적 감각에 상상력과 창의력이 더해지는 시기이다(예술가에게는 좋은

시기이다).

- 두 번째 하우스 영역에서 ♆의 이슈가 여덟 번째 하우스 영역에 어떠한 영향을 미칠 수 있는지를 생각해 본다.
- **EX** 허황된 투자로 인한 손해, 금전 관리 능력 부족 등으로 인한 나의 재정 문제들이 친밀한 관계와 공유 재산에 부정적 영향을 미칠 수 있다.

4. ⚷(TR) ☌ ⚷(♈). ⚷ 리턴^{Return}

기간: 약 2021년 4월~2022년 3월
- 위의 ⚷ 주기 참고(p.29)
- 수입 능력과 자존감에 입은 상처를 치유하기 좋은 시기이다(⚷ 리턴 두 번째 하우스).

5. ♅(TR) ☌ IC(♉)

기간: 약 2022년 6월~2023년 11월
- 집과 가족에 대한 기존의 관점과 태도가 극적으로 바뀔 수 있다.
- 나만의 시간과 공간을 갖기 위해 집을 떠날 수도 있고 예기치 못한 집안 환경의 변화로 인하여 집으로 돌아갈 수도 있다.
- 가족 구성원 중 일부가 집을 떠나거나(결혼, 유학, 이민 등) 떨어져 있던 가족 구성원이 집으로 다시 돌아올 수 있다(부모님 또는 자녀들과의 합거 등).
- 가족 구성원의 변화가 있을 수 있다(결혼, 이혼, 출산, 사망 등).

- 집안 환경을 새롭게 바꾸기도 좋고 이사 또는 이민을 가기에도 좋다.
- 예기치 않은 누수, 누전, 가스 누출, 붕괴 등의 사건, 사고가 일어날 수 있다.

Check Point

위의 경우 트랜짓 ♅(TR) ☌ Ic(N)이면 Mc(N)와 ☍이다. 이민으로 인하여 직업에 변화가 생길 수도 있고, 예기치 못하게 가업을 이어받을 수도 있다.

Check Point

위의 차트에서 ♅(TR) 영향력은 다른 트랜짓 행성보다 늦게 영향을 준다. 앞선 트랜짓 행성들의(♆, ♄, ♇, ⚷) 영향력을 어떻게 인식하고 사용하는지에 따라 트랜짓 ♅의 영향력이 다르게 나타날 수 있다. 필자는 10년 뒤의 나의 모습은 현재 트랜짓 행성들의 에너지를 어떻게 인식하고 사용하였는가에 따라 다르게 나타날 수 있다고 생각한다.

---

6. 긍정적인 시나리오와 부정적인 시나리오

- **Ex 1** 긍정적인 시나리오

나에게 필요 없는 것을 과감히 끊어내고 과거에서 벗어날 수 있다. 나의 상처와 트라우마를 치유하고 떠나보낸다. 자신을 제어하고 내 안의 숨겨진 힘과 능력을 찾을 수도 있다. 무엇인가에 집중하고 탐구하고 조사하여 큰 성과를 거둘 수도 있다(♇ ☌ As).

'인생을 현실에 맞게 살고 있는지'를 점검하기 좋다. 성공과 명예를 얻기 위해 얼마나 노력하고 성실하게 살아왔는지를 냉정히 바라보기 좋다. 목표를 재설정하거나 수정하기에도 좋다. 노력한 대가를 받을 수도 있고 명예와 지위를 얻을 수도 있다(♄ ☍ ☉, ♂).

지난 50여 년 간의 삶을 되돌아보고 아픔과 슬픔을 치유하고 회복하기 좋다. 타인을 치유해주는 멘토의 역할을 하기 좋다. 대체 요법, 약초, 점성학, 사주, 아로마테라피, 요가 등에 관심이 생길 수도 있다(⚷ ☌ ☿).

관계에서 현실적이고 계산적이었다면 이 시기에는 내가 꿈꿔 왔던 로맨스를 시작할 수 있다. 이상적인 상대를 만나 하나가 되는 경험을 할 수도 있다. 예술적인 능력을 발휘하여 사람들을 매료시킬 수 있다. 예술작품, 영화 관련 산업, 게임 산업, 향수 관련 산업 등에 관심이 생길 수도 있고 투자를 할 수도 있다(♆ ☍ ♀).

안전한 울타리를 벗어나 새로운 세상으로 나아가기 좋다. 나만의 공간과 시간이 중요해지는 시기이며 진정한 자유가 무엇인지를 배울 수 있다. 가족들과 떨어져 새 출발을 할 수도 있고 나만의 가족을 이룰 수도 있다. 예기치 못한 가족 구성원의 변화(결혼, 이혼, 출산, 사망 등)가 나의 기반과 안전감에 영향을 미칠 수 있다. 이러한 변화는 위기이자 기회일 수 있다. 떨어져 있던 가족들과 재회하기에도 좋은 시기이다(♅ ☌ Ic).

• **Ex 2** 부정적 시나리오
부정적이고 염세적인 성향이 강하게 나타날 수 있다. 타인을 지배하고 조정하려 하고 힘과 권력을 얻기 위해 불법적이고 비윤리적인 생각과 행동을 할 수 있다. 모든 것을 의심하고 누구도 믿지 못하여 세상과 단절된 삶을 살 수 있다. 부정적인 감정(집착, 질투, 분노, 시기 등) 또는 우울감에 휩싸일 수도 있으며 폭력적이고 파괴적인 성향을 보일 수도 있다. 자신의 이익을 위해 타인을 기만하고 이용할 수도 있다(♇ ☌ As).

나의 규칙과 규범을 강요하거나 나의 의견과 주장만이 바르고 옳다고 생각할 수 있다. 다른 사람들과 타협하기 힘들 수도 있으며 책임과 의무를 회피하거나 떠넘길 수도 있다. 활력이 떨어지고 쉽게 피로해질 수 있다. 관계에서 냉정하고 지배적인 모습을 보일 수 있다(♄ ☍ ☉, ♂).

매우 예민해지고 감정 기복이 심해질 수 있다. 활력이 저하되고 피로감을 많이 느낄 수 있다. 외로움을 많이 느낄 수 있으며 타인에게 의지하려고 할 수 있다. 자신의 상처를 받아들이지 못하고 외면하고 남의 탓, 세상 탓으로 돌릴 수 있다(⚷ ☌ ⚸).

관계에서 자신을 잃어버리거나 지나친 희생, 잘못된 헌신으로 낭패를 볼 수 있다. 관계에서 사기, 기만 등을 당하거나 삼각관계, 불륜, 짝사랑 등으로 고통받을 수도 있다. 환상과 공상에 빠져 상대를 이상화하여 만나다가 상처를 받을 수 있다. 큰 이익을 얻을 수 있다는 환상에 빠져 투자하다가 큰 손실을 볼 수 있다. 돈을 빌려주고 돌려받지 못할 수 있다. 금전과 관련된 범죄에 연루되는 것은 조심해야 한다(♆ ☍ ♀).

Check Point

해왕성의 위험은 환상과 공상에 빠져 타인의 조언을 듣지 않고 현실을 무시해서 오는 것이다.

현대 점성학 102

현실적인 대안이 없음에도 불구하고 충동적으로 집과 가족을 떠날 수 있다. 나의 의지와는 상관없이 집을 떠날 수도 있다. 가족 구성원의 갑작스러운 변화로 스트레스를 받거나 개인적인 공간이 침범당할 수도 있다. 집 또는 가족에게 예기치 못한 사건, 사고가 일어날 수도 있다(♅ ♂ Ic).

예) 예시 3

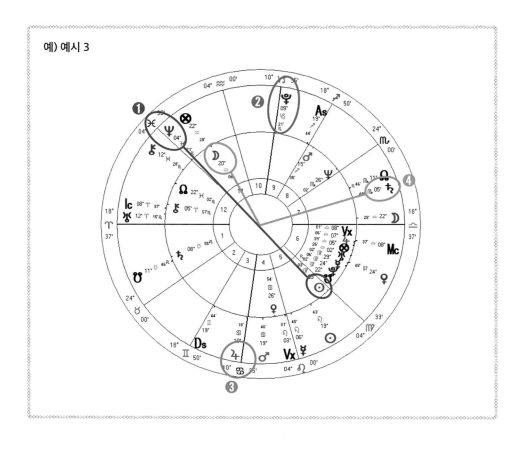

---

1. Ψ(TR) ☌ ☉(♍)

기간: 약 2012년 3월~2013년 12월

- 인생의 꿈과 희망이 무엇인지를 객관적으로 바라보는 기간

- 영적 성장에 도움이 되는 공부 또는 수행을 하기 좋다.

- 상상력과 창의력을 적극적으로 발산하기 좋다.

- 감수성이 풍부해지고 이타심과 배려심이 강해질 수 있다.

- 정체성과 신념에 혼란과 혼돈이 올 수 있다.

- 활력과 기력이 저하될 수 있다.

- 봉사 활동, 종교 활동, 예술적 취미 활동을 하기에 좋다.

- 휴식을 취하거나 요양의 시간을 갖기 좋다.

- 타인의 말에 현혹되어 새로운 일을 시작하거나 투자하는 것은 조심해야 한다.

- 아버지와의 관계를 치유하고 회복하기에 좋다.

- 열한 번째 하우스 영역에서의 ♆ 이슈가 다섯 번째 하우스에 어떠한 영향을 미칠 수 있는지를 생각해 본다.

  • **Ex** 그룹 또는 단체 활동에 몰입하여 아이들과의 관계가 소원해질 수 있다. 상상력을 자극하고 영적 성장을 도와주는 단체에서 자신의 창의력을 발산하고 발전시킬 수 있다.

2. ♇(TR) ☌ Mc(♑)

- 큰 성공을 이룰 수도 있고 파산할 수도 있다. 승진하거나 더 나은 직장으로 이직할 수도 있고 해임, 해고, 좌천을 당할 수도 있다.

- 과거에 저지른 불법적인 일 또는 비리와 치부 등이 만천하에 드러날 수 있다.

- 불법적이거나 사기성이 있는 일에 휘말리지 않게 조심해야 한다.

- 직업 환경이 극적으로 변할 수 있다(새로운 윗사람, 인수 합병, 파산 등).

- 사회적인 위치가 변할 수 있다.

- 직장 내 성추문, 성희롱, 치정 관계 등을 조심해야 한다.

3. ♃(TR) ♂ Ic(♋)

기간: 약 2013년 8월~2014년 3월

- 안전한 곳을 떠나 위험을 감수하고 모험과 도전을 하기 좋은 기간
- 가족 구성원이 늘어날 수 있다(출산, 부모님 또는 자식들과의 합거 등).
- 집을 확장하거나 이사 또는 이민을 가기 좋다.
- 새로운 믿음, 철학, 종교, 교육 등이 가족 관계와 집안 환경에 영향을 미칠 수 있다(긍정적 또는 부정적).
- 큰 기대로 무모한 부동산 투자를 하거나 현실을 고려하지 않은 이사, 이민, 유학 등은 조심해야 한다.
- 승진을 하거나 해외로 파견 나갈 수도 있고 새로운 직장을 찾아 나설 수도 있다(♃(TR) ☍ Mc).

4. ♄(TR) □ ☽(♒)

- 집과 가족들에 대한 책임감과 의무감의 이슈
- 감정적 안정감을 지키기 위해 어떠한 규칙과 규범이 필요한지를 생각해 보기 좋은 기간

- 내가 필요로 하는 것이 무엇인지를 현실적으로 바라보기 좋다.
- 식습관(음주, 흡연, 편식)을 개선하기 좋다.
- 부정적이고 우울할 수 있다.
- 감정을 불편하게 만드는 친구 관계, 모임, 사회활동(☽ 열한 번째 하우스) 등을 정리하기 좋다.
- 집을 개보수 하거나 짓는 것도 좋다.
- 일곱 번째 하우스 영역에서 ♄의 이슈가 열한 번째 하우스 영역에 어떠한 영향을 미칠 수 있는지를 생각해 본다.
  • **Ex** 배우자 또는 동업자와의 관계에서 책임과 의무, 규칙과 규율 등의 이슈들이 내가 속한 단체 구성원들과의 유대감과 소속감에 영향을 미칠 수 있다.

5. 내담자의 스토리

이 차트 주인은 외국계 기업 임원이다. 내담자의 고민은 외국인 사장과의 갈등이었다. 내담자는 완벽주의 성향에 성취욕도 강하였지만, 사장은 새로운 도전과 확장을 싫어하였고, 파티를 즐기는 사람이었다.
내담자는 지금 직장이 자신에게 맞는 직장인지, 하고 있는 일이 의미가 잇는지에 대한 의문이 들었고 의욕을 상실하였다(♆ ☍ ☉).

내담자는 다른 회사로 이직을 결심하였다. 여러 회사에 이력서를 제출하였고, 더 나은 조건의 회사로 이직하게 되었다(♀ ☌ Mc).

유학 갔었던 자녀 중 한 명이 건강상의 이유로 6개월간 한국에서 같이 지냈으며 내담자 아버님이 손녀들을 위해 미국에 집을 사주었다(♃ ♂ Ic).

회사에 적응하고 업무의 성과를 내기 위해 많은 스트레스를 받았고 자녀의 건강문제로 마음고생이 심하였다. 스트레스로 인한 폭식으로 소화기관에 문제가 생겼지만 꾸준한 운동과 식단 관리를 하는 계기가 되었다(♄ □ ☽).

7. 트랜짓 기법 심화 해석

1. 필자는 ♃ 리턴^Return, ♄ 리턴^Return, ♅(TR) □, ♂ 네이탈 ♅, ♆(TR) □ 네이탈 ♆, 트랜짓 ♇(TR) □ 네이탈 ♇ 이외의 트랜짓 카이런, 외행성들과 네이탈 카이런, 외행성들과의 각도는 개인 차트 해석 시 중요하게 보지 않는다.

그러나 네이탈 차트 4개의 앵글과 ♂ 또는 내행성들과 ♂, ♂, □각을 이루고 있는 카이런과 외행성들은 예외다.

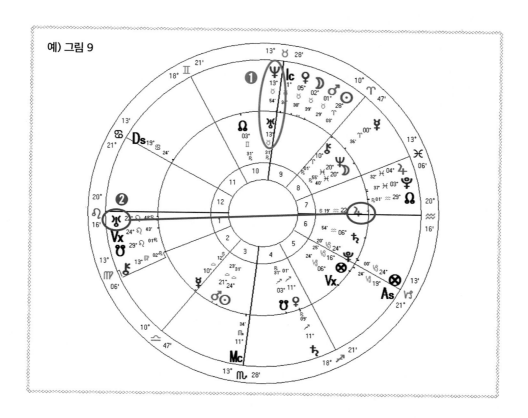

예) 그림 9

1) $\Psi_{(TR)}$ ♂ $\math988_{(N)}$

네이탈 ♅이 Mc에 ♂ 되어 있지 않았다면 개인 차트 해석에서 중요하게 고려하지 않는다. 위의 차트에서는 $\Psi_{(TR)}$과 네이탈 ♅의 ♂을 중요하게 볼 필요가 있다.

직업의 영역에서 비현실적인 이상주의를 강하게 주장하는 괴짜가 될 수도 있고, 상상력과 창의력을 자신만의 방식으로 발휘하여 기술적인 진보를 이루는 선구자가 될 수도 있다. 일과 관련하여 독립과 개성 vs 협력과 헌신의 이슈가 있을 수 있다.

2) ♅$_{(TR)}$ ♂ 네이탈 ♃

네이탈 ♃이 Ds에 ♂ 되어 있다. 1:1 관계에서 자유에 대한 열망이 강해질 수 있고, 많은 사람들과 관계를 맺고 싶어질 수 있다. 자유를 구속하고 억압하는 관계를 벗어나기에도 좋다. 건강한 관계를 충동적으로 끝낼 수도 있고 파트너 이외의 다른 사람들을 만나다가 관계가 끝날 수도 있다. 파트너와 새롭고 즐거운 일과 취미를 공유하기 좋다.

2. 각도 패턴을 이루고 있는 네이탈 차트에서 고려해야 할 사항

예) 그림 10-1

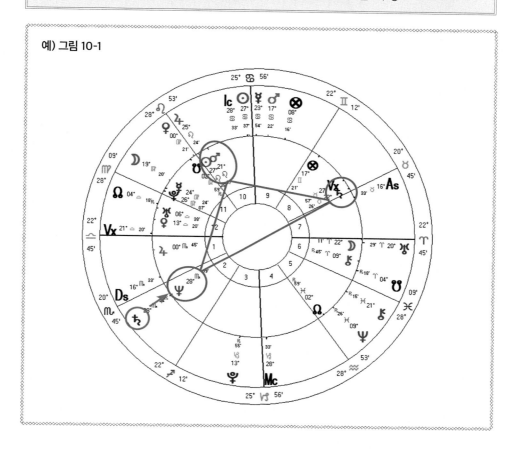

위의 그림을 보면 네이탈 차트에서 ☉ ☌ ♂ 은 ♄, ♆과 **T-스퀘어**를 이루고 있다. ♄(TR)이 네이탈 ♆과 ♂을 이룬다. ♄(TR)은 ♆ 뿐만 아니라 **T-스퀘어** 전체에 영향을 미친다. T-스퀘어를 이루고 있는 ☉ ☌ ♂은 ♄의 영향을 2배로 받는 셈이다.

다른 예로 ♅(TR)이 네이탈 ♆과 ♂를 이루게 되면 이 **T-스퀘어**를 이루는 행성들은 ♅의 영향을 받는다. 특히 ☉ ☌ ♂은 ♄, ♆ 에너지 성향과 전혀 다른 ♅ 에너지를 경험하게 된다.

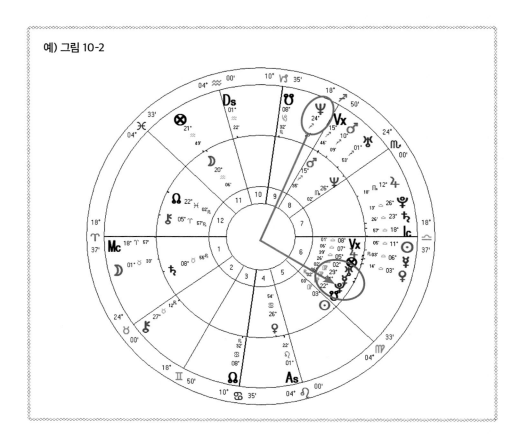

예) 그림 10-2

위 그림을 보면 네이탈 차트에서 ♇, ☿, ♅이 스텔리움^{Stellium}을 이루고 있다. ♆(TR)이 네이탈 ♇ □를 맺고 있다. ♆(TR)은 ♇뿐만 아니라 스텔리움^{Stellium}을 이루고 모든 행성들에게 영향을 미친다. 특히 내행성인 ☿이 ♆(TR) 영향에 민감하다고 볼 수 있다.

---

7 『현대점성학 101』 p.126(각도), p.132(각도 패턴) 참고

8. 행성들 주기(Cycle)의 조합(Planetary pair cycle)

1. 행성의 주기에는 사이더리얼^{Sidereal} 주기, 시노딕^{Synodic} 주기가 있다.

- 사이더리얼^{Sidereal} 주기는 한 개의 행성이 주기다. 예로 달의 주기는 약 $27\frac{1}{3}$일, 목성의 주기는 약 12년, 천왕성 주기는 약 84년이다.
- 시노딕^{Synodic} 주기는 두 개 행성의 주기다. 즉 태양과 달의 주기는 약 $29\frac{1}{2}$일, 목성과 토성의 주기는 약 20년이다.

2. ♃, ♄, ♅, ♆, ♇의 시노딕^{synodic} 주기

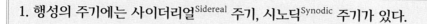

외행성들의 시노딕 주기
♅ & ♇: 약 113~142년
♅ & ♆: 약 172년
♆ & ♇: 약 492~494년

- 매우 긴 시간의 사이클. 매우 큰 관점, 세계적, 사회적인 이슈

♃ 시노딕 주기	♄ 시노딕 주기
♃ & ♄: 약 20년	♄ & ♅: 약 45년
♃ & ♅: 약 14년	♄ & ♆: 약 36년
♃ & ♆: 약 13년	♄ & ♇: 약 31~38년
♃ & ♇: 약 12년	

- 인생에서 우리가 경험하는 주기이며 사회적인 변화와 이슈들을 경험할 수 있다.

1) 목성

• ♃ & ♄: 약 20년 주기
  - 사회적, 정치적 변화
  - 종교, 교육, 철학 등의 발전
  - 새로운 법 또는 사회적 구조가 미디어 또는 교육 정책 등을 규제
  - 외교 관련 문제가 중점이 될 수 있다.
  - 사회를 변화시킬 수 있는 관점 또는 아이디어 등에 대한 기대와 우려

• ♃ & ♅: 약 14년 주기(달 착륙, 미국 주식시장 붕괴, 록(Rock) 페스티벌, 그리스 내 핍에 대한 시위, 아랍의 봄 등)
  - 큰 확장성과 인플레이션
  - 사회적 개혁, 혁명, 구습 타파
  - 기존 규칙에 대한 시위, 저항, 반란 등
  - 자유로운 사랑, 자유로운 발언 등

- ♃ & ♆: 약 13년 주기
  - 이상주의의 확장, 영적 운동의 성장
  - 복지 관련의 성장
  - 사회적 이해와 관용 또는 기만, 편협, 오해

- ♃ & ♇: 약 12~3년 주기
  - 죽음에 관한 사회적 통찰, 죽음 관련 조사 및 연구의 확대
  - 문화적, 교육적으로 억압된 문제의 노출
  - 정치, 교육, 종교계의 권력 남용, 비리, 범죄 등의 폭로
  - 미디어, 종교, 교육 분야, 법 등의 잔여물, 찌꺼기 등의 클렌징

2) 토성

- ♄ & ♅: 약 45년 주기(베를린 장벽, 소련의 붕괴 등 유럽의 장벽 붕괴 후 새로운 장벽이 형성됨)
  - 파괴적인 변화. 혼란과 혼돈. 통제하기 힘든 에너지
  - 오래된 것과 새로운 것의 전쟁
  - 기존의 구조와 장벽이 무너짐
  - 기존의 구조를 부수고 새로운 혁신과 변화를 추구하는 에너지
  - 진보를 향한 행진

- ♄ & ♆: 약 36년 주기(브렉시트, 최초로 여자 로마시장 당선, 유럽의 난민 허용 등)
  - 경계와 장벽이 허물어지는 시기
  - 무엇이 변화하는지 명확하게 보이지 않을 수 있음
  - 윈도우, www의 발전: 해왕성 에너지의 구체화

- 사회에서 격리, 소외된 사람들을 위한 제도, 구제 등

- ♄ & ♇: 약 38년 주기(1차 대전의 끝, 2차 대전의 끝, 911 사태, 코로나 19 등)
  - 심각한 사건의 발생 또는 종결(전쟁, 바이러스, 테러 등)
  - 파괴적 현상과 권위자(지도자)의 몰락, 끝
  - 강력한 힘을 어떻게 사용할 것인가의 이슈. 인류를 위해 긍정적으로 사용할
    수도 있고 파괴적으로 사용할 수도 있다.
  - 파괴와 파멸을 어떻게 극복해야 하는가?

3) 천왕성
- ♅ & ♆: 약 172년 주기
  - 영적 에너지의 각성
  - 창의적인 기술과 혁신에 대한 사회적 믿음, 공감
  - 새로운 기술과 새로운 믿음이 합쳐져서 유토피아를 어떻게 건설할 것인가?
  - 계몽과 개혁을 통하여 새로운 이데올로기와 새로운 아이디어를 표출하려
    는 에너지

- ♅ & ♇: 약 113~142년 주기(베트남 전쟁, 세월호 참사, 20대 총선 등)
  - 파괴적 형태의 개혁, 혁명
  - 기존 세력과 신진 세력과의 갈등과 충돌
  - 새로운 생각과 태도, 의견 등이 움직이지 않고 있던 사회 구조를 타파하고
    새로운 형태의 사회 구조를 요구함
  - 파괴, 파멸의 전야

- **♆** & **♇**: 약 492~494년
  - 인류에 대한 새로운 이해의 발전
  - 심리학, 물리학, 신지학 등을 통한 인류에 대한 새로운 이해의 시작

9. 인생의 일반적인 주기(Generic cycle)

나이(만 나이)	트랜짓 행성과 네이탈 행성의 각도	행성들의 주기
6~7살	♃(TR) ☌ ♃, ♄(TR) □ ♄	1. 목성(♃): 약 12년 주기, 한 하우스 (이퀄 하우스), 한 사인에 약 1년 정도 머무른다. 13개월 동안 40도 전진 10도 후진, (13개월마다 4개월 동안 역행)
12살	♃ 리턴Return	
14~15살	♄(TR) ☌ ♄	2. 토성(♄): 29~30년 주기, 한 하우스(이퀄 하우스), 한 사인 약 2년 6개월 정도 머무른다. 10~15도 전진 7도 후진, (약 12개월마다 약 140일 역행)
18살	♃(TR) ☌ ♃	
21~22살	♄(TR) □ ♄, ♅(TR) □ ♅	3. 천왕성(♅): 약 84년 주기, 한 하우스(이퀄 하우스), 한 사인에 약 7년 정도 머무른다. 8도 전진 4도 후진, (12개월마다 약 148일 역행)
24살	♃ 리턴Return	
28~30살	♃(TR) ☌♃, ♄ 리턴Return	4. 해왕성(♆): 약 164년 주기, 한 하우스(이퀄 하우스), 한 사인에 약 13~14년 정도 머무른다. 5도 전진 2도 30분 후진, (약 12개월마다 150일 정도 역행)
36~37살	♃ 리턴Return, ♄(TR) ☌ ♄	
36~38살	♇(TR) □ ♇ (60~80년대 생)	5. 명왕성(♇): 약 248년 주기, 한 하우스(이퀄 하우스), 한 사인에 약 평균 21년(12~31년) 정도 머무른다. 5도 전진 2도 30분 후진(매우 불규칙), (약 12개월마다 5~6개월 역행)
41~44살	♃(TR) ☌ ♃, ♅(TR) ☌ ♅, ♆(TR) □ ♆	
44~45살	♄(TR) ☌ ♄	

41~46살	♇(TR) □ ♇ (40~ 50년대 생)
47살	♃ 리턴^{Return}
50살	⚷ 리턴^{Return}
51~52살	♄(TR) □ ♄
53살	♃(TR) ☌ ♃
59살	♃ 리턴^{Return}, ♄ 리턴^{Return}
63살	♅(TR) □ ♅
65~66살	♃(TR) ☍ ♃, ♄(TR) □ ♄
71살	♃ 리턴^{Return}
74살	♄(TR) ☍ ♄
77살	♃(TR) ☍ ♃
81살	♄(TR) □ ♄
83살	♃ 리턴^{Return}
84살	♅ 리턴^{Return}, ♆(TR) ☍ ♆
88살	♄ 리턴^{Return}
89살	♃(TR) ☍ ♃

10. 트랜짓 노드(Transit Lunar Node)

1. 트랜짓 노드의 주기는 약 19년이다. 한 사인 또는 한 하우스(이퀄 하우스)를 통과하는 기간은 약 19개월이다. 약 19일에 1도 움직인다. 트랜짓에서는 트루 노드^{True Node}, 네이탈 차트에서는 민 노드^{Mean Node}를 주로 사용한다.

2. 트랜짓 노트는 반대 방향 즉 역행^{Retrograde} 방향으로 움직인다. 외적인 이벤트보다는 정신적 또는 내적의 성장과 변화를 의미한다.

3. 보통 인생에서 4번의 주기를 맞게 된다.

1) 1번째 주기(약 19세): 무엇인가를 시작하는 시기일 수 있다. 이전과는 다른 생각과 깨달음이 올 수 있다. 행동과 경험을 통하여 배우는 시기이다.

2) 2번째 주기(약 37~38세): 기술과 능력을 향상하고 새로운 것을 배우는 시기다. ♃(TR) ☌ ♃(N), ♄(TR) □ ♄(N), ♅(TR) ☍ ♅(N)과 겹치는 시기이다. 운명적인 무엇인가가 나를 일깨울 수도 있고, 이전과 다른 인생의 목적을 찾아 나설 수도 있다. 만약 원하지 않은 인생을 살았다면 새로운 인생을 시작할 수 있다.

3) 3번째 주기(약 56~58세): 이 시기는 프로그레스드 달(☽)이 두 번째 리턴^{Return}이 오는 시기이기도 하다. 달(☽)의 이슈가 강해진다. 받아들이고, 이해하고, 포용하는 시기이며 그동안 어떻게 살아왔는지를 나에게 질문해 보기에 좋다. 나의 건강한 안식처(집, 가족)의 확보는 진정한 자유의 의미를 이해하는 데 직접적인 연관이 있음을 깨닫는 시기이다.

4) 4번째 주기(약 75~76세): 그동안의 인생 경험과 지혜를 통합하고 영적인 성숙을 완성하는 시기이다. 다음 세대를 위하여 지식과 지혜를 대가 없이 나누어 주는 것이야말로 나의 마지막 임무라는 생각이 들 수 있다.

4. 트랜짓 노드와 네이탈 행성들과의 각도(☌, □)

1) 남쪽노드(☋)(TR)와 ☌된 행성의 에너지를 적극적으로 사용하고 전개해야 한다.
   - **Ex1** ☋(TR) ☌ ☿: 생각과 아이디어를 적극적으로 표현하기 좋다. 많은 사람과 정보와 지식을 공유하고 소통하여야 한다. 나의 생각과 아이디어를 세상에 알리기 좋다.
   - **Ex2** ☋(TR) ☌ ♄: 자의적으로 책임과 의무를 이행하기 좋은 시기이다. 일을 마무리하고 결과물을 내기 좋다. 조직을 이끌어 나아가는 리더의 역할을 하기 좋다.
   - **Ex3** ☋(TR) ☌ ♅: 개성과 독창성을 세상에 알리고 변화를 주도하는 역할을 하기 좋다. 진정한 자유를 얻기 위해 구습과 관습을 타파하고 나를 구속하고 제약하는 것들을 정리하는 것도 좋다.

2) 북쪽노드(☊)$_{(TR)}$와 ♂된 행성들은 의식적으로 발전시키고 개발하여야 한다.

- **Ex1** ☊$_{(TR)}$ ♂ ☽: 감정적 안전감을 충족시키고 내적인 성장을 이루기 위해 무엇이 필요한지를 생각해 본다. 타인과의 감정적인 교감능력, 돌보고 양육하는 능력을 발전시키기 좋다.

- **Ex2** ☊$_{(TR)}$ ♂ ♃: 교육, 여행, 철학 등을 통하여 나를 성장시키는 기간이다. 나의 이상과 비전을 성취하기 위해 나를 어떻게 성장시켜야 하는지를 고민해 보는 시기이다.

- **Ex3** ☊$_{(TR)}$ ♂ ♆: 종교, 예술, 명상, 영성 등을 통하여 나의 영적 성장을 발전시키기 좋다. 봉사활동과 구호활동을 실천해보는 것도 좋다. 상상력과 창의력 발전에 도움이 되는 취미 활동 또는 창작 활동을 해보는 것도 좋다.

---

5. 트랜짓 노드와 스퀘어(□)를 이루는 행성들

트랜짓 노드와 스퀘어(□)를 이루는 행성들의 에너지는 직업적으로 사용하는 것이 좋다.

- **Ex1** ☋, ☊ □ ♀: 미적감각과 예술적 능력을 적극적으로 사용하기 좋다. 일과 관련된 사람들과의 관계에서 조화와 균형을 이루고 중간자 역할을 하기에도 좋다. 나의 가치관과 취향을 일에 접목해보는 것도 좋을 수 있다.

- **Ex2** ☋, ☊ □ ♇: 한 가지 일에 집중하고 연구하고 조사하기에 좋다. 나의 숨겨진 재능과 능력을 발견할 수 있다. 도움이 되지 않는 일과 관계를 정리하기 좋다. 이전과는 전혀 다른 일을 할 수도 있다.

- **Ex3)** ☋, ☊ □ ☉: 창의력과 창조력을 발휘하여 사회적으로 주목받을 수 있는 시기이다. 새로운 일을 시작하거나 리더의 역할을 하는 것도 좋다.

6. 트랜짓 노드의 하우스 위치

남쪽 노드(☋)가 위치한 하우스 영역은 활발히 발산하고 전개하는 영역이고, 북쪽 노드(☊)가 위치한 영역은 노력하고 발전시키는 영역이다. 만일 남쪽 노드가 위치한 하우스 영역을 적극적으로 사용하지 못한다면 북쪽 노드가 있는 영역을 발전시키기 어렵다.

남쪽 노드 (☋)	출발지점. 발산하고 전개하는 영역	북쪽 노드 (☊)	도착지점. 의식적으로 발전시키고 개발하는 영역
1 하우스	나의 정체성과 개성을 표현하고 나의 니즈^{Needs}에 집중한다. 세상에 자의적이고 적극적으로 참여한다면	7 하우스	타인의 입장을 이해하고 배려하는 능력을 발전시킬 수 있다. 파트너와의 관계를 개선하고 발전시킬 수 있다.
2 하우스	재정을 안정적으로 운용하고 수입 능력을 개발한다면	8 하우스	친밀한 관계를 맺고 있는 사람과 서로의 능력과 재능을 공유하여 공동의 자산을 증식시킬 수 있다.
3 하우스	다양한 생각과 아이디어를 표현하고 지적 자극을 줄 수 있는 무엇인가를 발견한다면	9 하우스	더 크고 넓은 이해를 할 수 있고 인생의 의미와 진리를 찾을 수 있다.
4 하우스	가족과 가정을 보살피고 집안에서의 자신의 역할을 성실히 수행한다면	10 하우스	자신의 능력을 긍정적으로 발휘할 수 있으며 명예와 지위를 얻을 수 있다.
5 하우스	창의력을 적극적으로 세상에 발현하고 자신을 즐겁게 한다면	11 하우스	사회적 모임에서 창의력과 리더쉽을 발휘하여 모두에게 도움이 되는 역할을 할 수 있다.

6 하우스	규칙적이고 건강한 일상을 영위하고 주어진 일을 열심히 하고 직장동료들과 잘 지낸다면	12 하우스	영적 각성을 통하여 나에 대한 깊은 이해를 할 수 있다. 대가 없는 희생과 봉사의 기쁨을 맛볼 수 있다.

위와 같이 하우스 키워들 조합하여 연습해보자.

남쪽 노드 (☋)	출발지점. 발산하고 전개하는 영역	북쪽 노드 (☊)	도착지점. 의식적으로 발전시키고 개발하는 영역
7 하우스		1 하우스	
8 하우스		2 하우스	
9 하우스		3 하우스	
10 하우스		4 하우스	
11 하우스		5 하우스	
12 하우스		6 하우스	

2장

세컨더리 프로그레션
(Secondary Progression)

1. 세컨더리 프로그레션(Secondary Progression)

1. 세컨더리 프로그레션은 매우 오래된 테크닉이다. 컴퓨터가 발명되기 전까지는 행성들의 움직임을 실시간으로 측정하지 못했기 때문에 하루를 1년으로 계산하여 만든 가상의 테크닉이다.

24시간 = 12개월, 2시간 = 1달, 4분 = 24시

태어나서 90일간 행성들의 운행은 세컨더리 프로그레션에서는 90년간 행성들의 운행이다. 세컨더리 프로그레션에서는 태양의 1도의 움직임이 1년이 된다. 달의 주기는 약 $27\frac{1}{3}$ 일이지만 세컨더리 프로그레션에서는 약 $27\frac{1}{3}$ 년이다. 태양사인이 출생 후 30일 뒤에 사자자리에서 처녀자리로 바뀌었다면, 세컨더리 프로그레션에서는 30살에 태양사인이 사자자리에서 처녀자리로 바뀐다는 의미다.

2. 세컨더리 프로그레션은 트랜짓과 달리 내행성들의 운행을 중요하게 본다. 즉 ☉, ☽, ☿, ♀, ♂ 운행을 중요하게 보는 테크닉이다. 특히 달(☽)의 운행은 매우 중요하다.

3. 세컨더리 프로그레션에서의 고려사항

- 프로그레스드 ☽의 사인과 하우스 위치(특히 새로운 사인과 새로운 하우스에 진입할 때)
- 프로그레스드 ☽과 네이탈 행성들과 4개의 앵글들과의 각도
- 프로그레스드 ☽의 8단계의 주기^Lunation Cycle
- 프로그레스드 ☉의 사인과 하우스 위치(특히 새로운 사인, 새로운 하우스에 진입할 때)
- 프로그레스드 ☉과 네이탈 행성들과 4개의 앵글들과의 각도
- 프로그레스드 ☿, ♀, ♂의 사인과 하우스 위치(특히 새로운 사인, 새로운 하우스에 진입할 때)
- 프로그레스드 ☿, ♀, ♂과 네이탈 행성들과 4개의 앵글들과의 각도
- 프로그레스드 ☿, ♀, ♂의 역행^Retro grade
- 프로그레스드 As, Mc, Ds, Ic 들과 네이탈 행성들과의 각도
- 편차범위(Orb)는 + - 1°(트랜짓과 동일)
- ☌, ☍, □를 중요하게 고려한다.

4. 세컨더리 프로그레션 해석 관점

- 브라이언 클라크(Brian Clark)는 세컨더리 프로그레션을 해석할 때 외적인 변화와 이벤트보다는 내적 변화와 성장을 중요시 본다. 그 이유는 세컨더리 프로그레션에서는 달(☽)이 매우 중요하기 때문이다. "외적인 변화와 이벤트들은 내적 변화와 감정적 니즈^Needs에 의해서 일어난다."라는 의견이다.

- 수 톰킨스(Sue Tomkins)는 트랜짓과 동일하게 해석한다. 트랜짓과 세컨더리 프로그레션 해석의 의미를 달리 두지 않는다. "어느 테크닉이든 외적 영향, 내적 변화, 사건, 사고 등이 나타날 수 있다."라는 의견이다.
- 프랭크 클리포드(Franks Clifford)는 세컨더리 프로그레션을 보지 않는다. 트랜짓과 솔라 아크 다이렉션^{Solar Arc Direction} 기법을 사용한다.

Check Point

세컨더리 프로그레션 해석 관점은 점성학자마다 다르다. 자신에게 맞는 관점을 택하면 된다(필자는 브라이언의 관점으로 해석한다).

2. 프로그레스드 태양(Progressed Sun)[8]

- 한 사인과 한 하우스(이퀄 하우스)에 약 30년간 머무른다.
- 자신의 정체성을 발견하고 건강한 자아^{Ego}를 발전해 나아가는 과정
- 나와 다른 성향의 에너지들을 경험하고 받아들이는 과정
- 창의력과 개성을 발현하고 발전해 나아가는 과정
- 건강한 자존감과 자신감을 확립하는 과정

1. ☉(PR) 해석 시 고려해야 할 사항

- ☉(PR)이 새로운 사인 또는 새로운 하우스에 진입하면 새로운 성향^{Quality}과 영역을 경험하는 시기이다.
- ☉(PR)이 네이탈 행성들과 ☌, ☍, □ 또는 4개의 앵글들과 ☌맺으면 그 행성들과 앵글들은 태양의 빛을 받는 시기이다. 의식적으로 사용하고 발전시켜야 한다.

---

8 프로그레션은 PR, 네이탈은 N으로 표기한다.

2. ☉(PR)의 각도(☌, ☍, □)

네이탈 행성들과 4개의 앵글들	프로그레스드 태양(☉)
☽	내가 무엇을 필요로 하는지, 무엇이 나를 안전하고 편안하게 하는지, 어디서 살고 싶은지 등을 의식적으로 생각해 본다. 자기 자신을 잘 돌보고 양육해야 한다. 무엇을 견딜 수 있고 견딜 수 없는지를 생각해보기 좋다.
☿	생각과 아이디어를 적극적으로 표현하고 소통능력을 발전시키는 시기이다. 나의 정체성을 글, 그림, 시 등으로 표현하는 것도 좋다. 새로운 공부 또는 새로운 기술을 배우기 좋다. 형제자매, 사촌, 이웃들과의 관계가 중요해질 수 있다.
♀	가치관과 미적 감각을 적극적으로 표현하는 시기이다. 무엇을 좋아하고 싫어하는지, 나의 자존감의 문제는 무엇인지를 의식적으로 생각해보기 좋다. 소유물(돈)과 관계의 이슈가 강해지는 시기이다.
♂	원하는 것을 성취하기 위해 도전하는 시기이다. 나의 정당한 요구와 주장을 펼치기 좋다. 새로운 도전을 해보기도 좋을 수 있고 육체적 활동(스포츠)을 하기에도 좋은 시기이다.
♃	자신의 믿음과 철학이 무엇인지를 재정립하는 시기이다. 나와 다른 믿음, 철학, 문화 등을 받아들이고 배우기 좋다. 새로운 교육을 받기도 좋고, 타인을 가르치는 것도 좋다.
♄	성공을 위해 훈련하고 노력하는 시기이다. 명예와 지위를 얻기 위해 필요한 시스템과 환경이 무엇인지를 생각해보기 좋다.
⚷	외면했던 자신의 상처를 받아들이고 치유하는 시기이다. 타인의 상처를 치유해주는 멘토와 힐러의 역할을 하기에도 좋다. 대체 의학 또는 치유에 관련된 공부에 관심이 생길 수 있다.
♅	새로운 인식과 변화를 받아들이는 시기이다. 나만의 개성과 독창성을 세상에 알리기 좋다. 자유와 독립의 이슈가 강해질 수 있다.
♆	상상력과 창의력을 적극적으로 표현하기 좋은 시기이다. 이타심, 배려심, 애민심 등이 강해질 수 있다. 타인을 도와주고 치유해주는 역할을 하기 좋다.

♇	부정적인 생각과 감정들을 벗어나 진정한 자유를 얻을 수 있는 시기이다. 이전보다는 더 나은 사람으로 재탄생하기 위해 무엇을 버려야 하는지를 생각해보기 좋다. 힘과 권력에 대한 욕구가 강해질 수 있다.
As	나의 정체성과 능력을 세상에 알리기 좋은 시기다. 삶을 살아가는 방식과 방법을 개선하기 좋다. 건강을 위해 식단관리와 운동을 시작해보는 것도 좋다.
Mc	성공과 명예를 어떻게 성취해야 하는지, 어떻게 사회에 공헌을 할 수 있을지를 생각해보기 좋다. 조직에서 리더의 역할을 하기에도 좋고, 나만의 사업을 계획하고 시작해보는 것도 좋을 수 있다.
Ds	어떠한 파트너가 필요한지, 어떻게 파트너와 조화롭게 살아갈지를 생각해보기 좋은 시기이다. 관계를 맺고 싶은 욕구가 강해질 수 있으며 결혼, 약혼 등을 하기 좋은 시기일 수 있다.
Ic	집과 가족이 나의 인생에 어떠한 영향을 끼치며 어떠한 의미인지를 생각해보는 시기이다. 나의 역할이 가족과의 관계에서 중요해질 수 있다. 나만의 집과 가정을 갖기 원할 수 있다.

3. 프로그레스드 달(Progressed Moon)

- 프로그세스드 달(☽)이 천궁도^{Horoscope}를 한 바퀴 도는데 약 27년 3개월이 소요되고(사이더리얼 주기), 프로그레스드 ☉과 ☽의 주기(시노딕 주기) 즉 신월에서 다음 신월까지는 약 29년 6개월이 소요된다.

* 트랜짓 달의 주기$^{Sidereal\ cycle}$: 약 $27\frac{1}{3}$일, 트랜짓 태양과 달의 주기$^{synodic\ Cycle}$: 약 $29\frac{1}{2}$일

- 프로그레스드 ☽은 하나의 하우스(이퀄 하우스) 또는 하나의 사인을 통과하는데 약 2년 6개월 정도가 소요된다.

- 프로그레스드 ☽은 내적 성숙과 안전감, 양육, 보호, 친밀감, 유대감, 애착관계, 가족관계 등에 관련한 인생의 여정을 의미한다. ☽은 나의 모든 감정적 기억의 저장소이며 과거의 감정적 경험들이 현재의 나에게 어떠한 영향을 미쳤는지를 보여준다.

- 감정적 성숙과 안정감의 확보 그리고 니즈^{Needs}를 충족해 나아가는 과정

- 감정적 경험과 과거의 기억을 토대로 자신을 발전해 나아가는 과정

- 현재의 분위기, 감정적 상황, 유대감, 친밀감의 이슈

- 가족 관계, 애착관계, 양육자와의 관계에 대한 이슈

1. 프로그레스드 달(☽) 해석 시 고려해야 할 사항

- ☽(PR)의 사인과 네이탈 차트 ☽의 사인의 비교
- ☽(PR)이 위치한 하우스 영역
- ☽(PR)과 네이탈 행성들과 4개의 앵글들과의 각도
- ☽(PR)의 주기^{Lunation Cycle}

1) ☽(PR)의 사인

  - ☽(PR) 사인의 변화는 감정의 변화, 니즈의 변화, 안전감의 변화를 의미한다.

  - **Ex** ☽(PR)사인이 ♉에 진입하였다면 오감^{Five senses}을 만족시키는 무엇인가
    가 필요로 하거나 오감이 만족스러울 때 안전하고 편안함을 느낄 수 있다.
    돈과 소유물이 감정적 안전감에 직접적인 영향을 미칠 수 있다. 자연 친화
    적이고 안정적인 환경에서 감정적 안전감과 편안함을 느낄 수 있다.

  - **Ex** ☽(N) 사인이 ♌이고 ☽(PR) 사인이 ♓라면 이 시기에 감정적인 갈등을
    경험할 수 있다. 이전보다는 방어적이고 내향적이며 감정적이고 예민해질
    수 있다. 그러나 타인을 배려하고 이해하는 마음을 배울 수 있으며 희생과
    봉사의 미덕을 배울 수 있는 시기이기도 하다. 이전에는 관심이 없던 영적
    영역에 관심이 생길 수도 있다.

2) ☽(PR)의 하우스 위치

1 House	- 해방된 느낌 - 커밍아웃 - 새로운 가면 이미지Persona - 새로운 자신의 이미지 - 니즈Needs의 표현, 표출	7 House	- 관계의 이슈 - 결합(결혼, 약혼) - 공유 - 관계의 변화 - 무의식적인 투영
2 House	- 안전감과 소유물(돈)과의 상관 관계 - 미래를 위한 재정 계획 - 새로운 소유물에 대한 가치관 - 무의식적 속에 있던 재능의 발견 - 재정의 안정감	8 House	- 친밀한 관계의 이슈 - 정화와 치유 - 유산 상속, 빚, 세금 - 깊은 감정과 대면 - 슬픔과 상실에 대한 이슈
3 House	- 다양성, 커뮤니케이션, 교육. - 형제자매, 교우관계, 이웃, 친척들과 관계의 이슈 - 단거리 여행, 출판, 출간 등	9 House	- 고등 교육, 철학, 장거리 여행 - 진실과 인생의 의미를 추구 - 믿음과 지식의 형성 - 이국적 경험과 외국인과의 교류
4 House	- 가족 구성원들과의 돌봄과 양육의 이슈 - 어머니 또는 양육자와의 애착 관계 - 가족 구성원들의 변화 - 내적 웰빙과 안전감에 대한 이슈 - 부동산에 대한 관심(내집 마련) - 이사 또는 이민	10 House	- 직업과 직업 환경 - 성취와 명예 - 사회적 소속감과 유대감 - 일과 관련된 사람들과의 관계
5 House	- 창의력의 발산 - 어린이(자식)와의 관계 - 연애, 로맨스 - 임신, 출산	11 House	- 친구들 또는 단체 구성원들과의 유대감과 소속감의 이슈 - 단체활동이 감정과 안전감에 미치는 영향력 - 단체에서의 어머니 역할
6 House	- 건강과 일 - 직장동료들과의 관계 - 규칙적인 생활과 웰빙 - 애완동물, 나를 위한서비스	12 House	- 청소와 준비의 기간 - 미래를 위해 씨앗을 심는 기간 - 내적 성장과 영적 성장 - 끝내지 못한 숙제의 완결

2. ☽(PR)의 각도(☌, ☍, □)

네이탈 행성들과 4개의 앵글들	프로그레스드 달(☽)
☿	감정적인 교류와 소통이 중요해지는 시기이다. 감정과 느낌을 글이나 그림 등으로 표현하기 좋다. 형제자매, 친구, 사촌들과의 관계에서의 소속감, 유대감, 돌봄 등의 이슈
♀	나의 여성성이 부각되는 시기이다. 자신의 감정을 예술적으로 표현하기 좋다(그림, 디자인, 사진 등). 관계에서 돌봄의 이슈가 부각될 수 있다. 집을 아름답게 꾸미기 좋다.
♂	감정을 적극적으로 표현하기 좋다. 진취적이고 새로운 도전을 하기에도 좋다. 내가 필요로 하는 것을 표출하고 쟁취하려고 할 수 있다.
♃	위험을 감수하고 안전한 곳을 떠나는 시기이다. 감정적 안전감을 위해 어떠한 교육, 믿음, 철학이 필요한지를 생각해보는 기간이다. 자유와 소속감과의 충돌이 있을 수 있다.
♄	책임과 의무, 성공과 야망, 규칙과 규율 등이 감정과 내면에 어떠한 영향을 주었는지를 생각해보기 좋다. 집과 가족을 지키기 위해 무엇이 필요한지를 생각해보는 기간이다.
♅	나만의 시간과 공간을 어떻게 확보해야 하는 가의 이슈. 자유, 독립 vs 유대감, 소속감. 새로운 집과 주거 환경에 대한 니즈가 강해질 수 있다.
♆	상상력과 창의력, 애민심과 이타심이 강해질 수 있다. 감정에 휩싸이거나 매우 예민해질 수 있다. 예술가, 배우, 종교인들에게는 매우 좋은 시기이다. 가족관계를 치유하고 회복하기 좋다.
♇	부정적 감정을 청소하기 좋은 시기이다(질투, 분노, 집착 등). 숨겨온 트라우마, 아픔, 슬픔 등을 수면 위로 끌어올려 애도하고 떠나보내기 좋다. 과거와는 다른 안전감의 확보. 양육(돌봄)방식, 애착관계를 맺는 대상과 방식에도 변화가 있을 수 있다.

As	성격, 정체성, 세상에 나아가는 방식 등의 발전을 위해 무엇이 필요한지를 생각해 보기 좋은 시기이다. 느낌과 감정을 적극적으로 표현하기 좋다.
Mc	현재 직업과 직업 환경이 나에게 안전감과 편안함을 주고 있는지를 생각해본다. 집과 가족들을 위한 일이 무엇인지 생각해 보기 좋다. 가업을 물려받을 수도 있고 가족들과 같이 일을 할 수도 있다.
Ds	파트너와 감정적 교류를 충분히 하고 있는지, 적절한 양육과 돌봄을 주고받고 있는지를 생각해보기 좋다. 누군가와 함께 하고 싶은 마음이 커질 수 있다. 따뜻하고 어머니와 같은 사람을 필요로 할 수 있다.
Ic	집과 가족관계가 중요한 시기이다. 진정으로 편안하고 안전감을 느끼는 곳이 어디인지, 누가 나의 진정한 가족인지를 생각해 보기 좋다. 만일 내가 사는 집 또는 가족이 그러하지 못하다면 떠날 수도 있다.

3. ☽(PR)의 주기(progressed Lunation Cycle)

- 달의 주기는 의식과 무의식의 관계를 나타낸다. 건강한 자아 발달과 인격 성숙의 과정 그리고 내적 성장과 안전감 확보를 의미한다. 약 30년간의 인생 여정의 가이드 역할을 한다.

- ☽(PR)의 주기는 약 29년 6개월이며 8단계의 주기로 구분하여 본다. 각 단계의 기간은 약 3년 7개월이다.

* 4단계로 구분하여 보는 점성학자들도 있다.

- 트랜짓Transit의 배경 역할

• Ex ♅(TR)이 ☉(N)과 ♂을 이룰 때 ♅(TR) 에너지를 받아들이는 느낌은 ☽(PR)의 주기가 신월 기간New Moon일 때와 그믐달 기간Balsamic일 때 다를 수 있다. 신

월 기간에는 신나고, 새로운 시작을 하려고 하고 변화를 거부감 없이 받아들일 수 있지만, 그믐달 기간에는 새로운 것을 받아들이는 데 부정적일 수도 있고 변화에 저항감이 들 수도 있다. 감정 기복이 심해지거나 초조하고 불안해질 수도 있다.

Check Point

트랜짓과 세컨더리 프로그레션 테크닉이 익숙하지 않다면 두 개의 기법을 섞어 해석하는 것보다 따로 따로 해석하는 것을 추천한다.

1) 8단계의 프로그레스드 달(☽)의 형상(Moon phase)

- 신월^New Moon, 0°~45°: 본능적이고 주관적인 시기이다. 변화가 필요하다. 새로운 이동 또는 직업과 관계에서 변화가 올 수 있다. 시작하고 전개하는 시간이지만, 목표가 명확하지 않고 충동적일 수 있다.

- 초승달^Crescent Moon, 45°~90°: 과거와 미래의 교차점이다. 과거의 이슈들이 미래로 전진하는 데 걸림돌이 될 수 있다. 과거를 청산하고 미래로 향해야 한다. 과거의 제약에서 벗어나고 청산하는 시기이다.

- 상현달^First quarter, 90°~135°: 에너지 분출의 기간이다. 액션 타임으로 실제로 앞으로 나아가는 기간이다. 나를 전혀 다른 세계로 이끌어줄 사람을 만날 수도 있다.

- 상현 망^Gibbous Moon, 135°~180°: 배움, 기술 및 지식 습득의 기간이다. 무엇

을 하고 싶은지를 의식적으로 생각하는 기간으로 매우 열심히 준비하고 일하는 기간이다. 어려움이 올 수도 있지만, 앞으로 나아가야 한다.

- 보름달^{Full Moon}, 180°~225°: 신월^{New Moon}의 경험을 반영하며 목적이 있는 기간이다. 발전을 하기 위해 객관화 또는 구체화 하는 기간이다. 진정으로 하고 싶은 일을 하는 기간이기도 하다.

- 하현 망^{Disseminating Moon}, 225°~270°: 가르치고 퍼뜨리는 기간이다. 습득한 지식과 경험을 공유하고 성장시키는 기간이다. 이해와 포용의 기간이다.

- 하현달^{Last quarter}, 270°~315°: 질문의 기간이다. 위기에 대한 인식이 발전을 가져올 수 있다. 그동안 무엇을 성취하였는지를 되돌아보는 기간이다. 이전 사이클의 경험을 통하여 수정하고 재정립하는 기간이다.

- 그믐달^{Balsamic}, 315°~360°: 청소하고 비우는 기간이다. 미래를 위하여 씨앗을 뿌리는 기간이다. 멈추고 소화하는 기간이다. 철학적이고 영적(soul)인 기간이다.

2) ☽(PR)의 하우스 위치와 ☽(PR)의 주기를 조합하여 해석하는 것은 세컨더리 프로그레션 해석의 꽃이라고 할 수 있다.

예) 그림 11

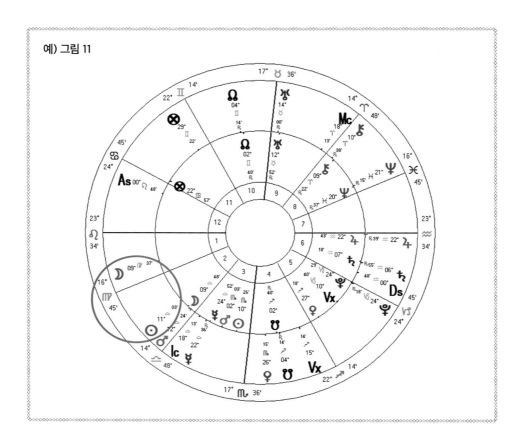

위 차트를 보면 ☽(PR)이 첫 번째 하우스에 위치하며 그믐달 기간이다.

☽(PR)이 첫 번째 하우스에 위치하면 나의 성격, 개성, 외모, 새로운 시작, 건강 등의 이슈가 부각될 수 있으며 그믐달 기간이면 정리, 청소, 미래를 위한 준비, 영적인 발전 등의 의미가 있다.

☽(PR)이 첫 번째 하우스에 위치해서 무엇인가를 시작하려는 마음이 클 수 있다. 그러나 그믐달 기간이므로 실제적인 일을 시작하는 것보다는 나에게 도움이 되지 않는 일과 습관 등을 정리하고 미래의 씨앗이 될 만한 지식과 기술을 배우

고 습득하는 것이 좋다. 나를 성숙하게 만드는 영적 활동을 하기도 좋고 상상력과 창의력을 나만의 방식으로 표현해보는 것도 좋다. 그동안 미루어 왔던 휴식과 요양을 취하기 좋은 시기이다.

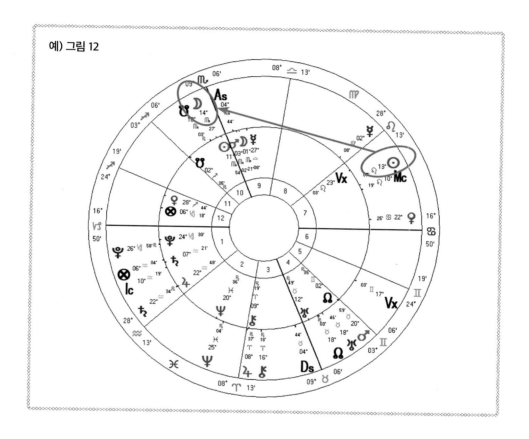

예) 그림 12

위의 차트에서 ☽(PR)은 열 번째 하우스에 위치하며 상현달 주기다.

☽(PR)이 10번째 하우스에 위치하면 직업, 직업환경, 사회적 위치, 상사 또는 권위자와의 관계 등의 이슈가 있을 수 있다.

상현달 주기면 위험을 감수하고 시작하고 행동으로 옮기는 시기이다. 즉흥적이고 충동적으로 결정할 수도 있고 과감한 결단을 내릴 수도 있다.

☽(PR)의 하우스 위치와 주기를 합하여 생각해본다면 내가 하고 싶은 일을 하고 있는지, 직업 환경은 안전하고 편안한지를 생각해 보기 좋다. 만일 그렇지 않다면 하고 싶은 일을 찾아 나서기도 좋고 약간의 위험을 감수하고 내 사업을 시작해보는 것도 좋을 수 있다. 그러나 충동적이고 즉흥적인 결정은 조심해야 한다. 아버지, 직장 상사, 윗사람들과의 관계 또는 영향력이 중요해질 수 있다.

4. 프로그레스드 내행성(Progressed Inner Planets)

1. 프로그레스드 ☿

☿(PR)은 의사소통 능력, 학습 능력, 언어 능력, 정보 수집과 분석 능력 등을 발전시키는 과정을 의미한다. 형제자매, 친척들, 친구들과의 관계의 변화를 의미하기도 한다.

1) ☿(PR)의 사인

새로운 사인에 진입하면 그 사인의 성향Quality을 배우기 좋다. 예로 ☿(PR)이 ♏에 진입하였다면 생각을 집중하고 탐구하고 연구해보기 좋다. 친밀한 사람들과 솔직한 대화를 해보는 것도 좋을 수 있다.

2) ☿(PR)의 하우스

새로운 하우스에 진입하면 그 하우스 영역에 관한 소통, 지식과 정보의 습득, 아이디어의 교환 등을 하기 좋다. 예로 ☿(PR)이 12번째 하우스에 진입하였다면 종교, 영성, 예술, 판타지, 사후 세계 등에 지적 호기심이 생길 수 있으며 그러한 분야에 관하여 소통하기를 원할 수 있다. 사회에서 소외되고 격리된 사람을 대변하는 역할을 할 수도 있다.

3) ☿(PR)의 역행 기간은 약 21년이다.

* 트랜짓 ☿은 약 4개월마다 약 21일 역행한다.

- 네이탈 차트 ☿ 순행^{Direct} → 프로그레스드 차트 ☿ 역행^{Retrograde}: 생각이 깊어지고 신중해질 수 있다. 교육 방식 또는 교육 기관의 변화가 있을 수 있다. 기존의 생각과 관점을 재고하고 검토하기 좋다.

- 네이탈 차트 ☿ 역행^{Retrograde} → 프로그레스드 차트 ☿ 순행^{Direct}: 자신의 생각과 아이디어에 대하여 확신과 자신감을 가지고 대외적으로 표현하고 발산하기 좋다. 이전보다는 직접적인 소통방식을 선호할 수 있다.

4) ☿(PR)의 각도(☌, ☍, □)

☿(PR)이 네이탈 행성 또는 앵글과 각을 맺으면 그 행성의 에너지와 소통하기 좋다. 네이탈 행성과 관련된 아이디어, 지식, 정보 등을 공유하기 좋다. 형제자매, 친구, 친척들과의 관계의 이슈가 부각될 수 있다.

• **Ex1** ☿(PR)과 ☉(N): 의식과 생각이 동일 시 되는 기간이다. 소통, 교육, 정보 교환 등을 통하여 자신을 발전시키기 좋다. 나만의 개성과 정체성을 세상에 알리기 좋은 시기이다.(간행물, SNS)

• **Ex2** ☿(PR)과 Ic(N): 가족들과의 소통이 매우 중요할 수 있다. 가족들과의 오해와 다툼을 대화를 통하여 해결하기 좋다. 단절된 가족들을 주도적으로 연결하는 역할을 하는 것도 좋다. 부동산 공부를 하기에도 좋고 부동산 거래를 하기에도 좋은 시기일 수 있다.

• **Ex3** ☿(PR)과 ♄(N): 생각과 아이디어를 구체화하고 현실화하기 좋다. 생각과 아이디어를 체계적이고 효율적으로 만들기 위해 훈련하기에도 좋다. 나의 경험담(성공담)을 출판하기에도 좋다. 역사와 전통에 관심이 생길 수도 있다.

2. 프로그레스드 ♀

♀(PR)은 가치관과 자존감, 돈과 소유물에 대한 관점 그리고 관계와 사회성을 발전해 나아가는 과정이다. 이전과는 다른 취향과 예술적 감각도 의미한다.

1) ♀(PR)의 사인

♀(PR)이 새로운 사인에 진입하면 그 사인의 성향^{Quality}을 배우기 좋다. 예로 ♀(PR)이 ♌에 진입하였다면 돈과 소유물이 나의 자존감에 어떠한 영향을 주는지를 생각해보기 좋다. 자신감을 가지고 적극적으로 관계를 맺을 수 있다. 예술적 감각을 창의적으로 표현하기에도 좋다. 나의 자존감을 높여줄 수 있는 소유물(명품, 자동차 등)에 관심이 높아질 수도 있다.

2) ♀(PR)의 하우스

♀(PR)이 새로운 하우스에 진입하면 그 영역이 의미하는 관계 및 돈과 소유물에 대한 가치관 등을 배울 수 있다. ♀(PR)이 여섯 번째 하우스에 진입한다면, 직장 동료 또는 일과 관련된 사람들과의 관계가 중요해질 수 있다. 나만의 미적 감각과 예술적 감각을 일과 접목해보는 것도 좋다. 수입과 지출을 정리해 보는 것도 좋다. 건강과 웰빙을 위한 금전 계획(보험, 연금)을 세워 보기도 좋다.

3) ♀(PR)의 역행 기간은 약 42년이다.

* 트랜짓 ♀은 약 19개월마다 약 42일간 역행한다.

- 네이탈 ♀ 순행^{Direct} → 프로그레스드 ♀ 역행^{Retrograde}: 가치관 또는 취향의 변화. 관계, 소유물, 돈에 대한 관점이 달라질 수 있다(신중해지고 소극적

일 수 있다). 남과 다른 미적 감각과 예술적 감각을 발견할 수 있다.

– 네이탈 ♀ 역행^Retrograde → 프로그레스드 ♀ 순행^Direct: 이전보다 적극적으로 관계를 맺으려 할 수 있다. 새로운 관계, 모임, 단체 등에 관심을 생길 수 있다. 자신의 가치관, 취향, 미적 감각을 세상에 알리고 싶은 욕구가 강해질 수 있다. 돈과 소유물에 대한 관심이 커질 수 있다.

4) ♀_(PR)의 각도(☌, ☍, □)

♀_(PR)이 네이탈 행성 또는 앵글과 각을 맺으면 그 행성의 에너지가 소유물과 관계에 어떠한 영향을 미치는가, 가치관과 자존감에 어떠한 영향을 미치는가를 생각해 본다.

- **Ex1** ♀_(PR)과 ☽_(N): 감정과 느낌을 예술적인 형태로 표현하기 좋다. 어머니 또는 가족들과의 관계가 중요해질 수 있다. 관계에서 감정적인 교류가 중요한 이슈가 될 수 있다. 돈과 소유물이 감정적 안전감에 큰 영향을 미칠 수 있다.

- **Ex2** ♀_(PR)과 ♇_(N): 돈과 소유물에 대한 집착과 강박이 강해질 수 있다. 돈과 소유물을 이용하여 힘과 권력을 얻으려 할 수도 있다. 카리스마와 힘이 있는 사람과 관계를 맺는 경험을 할 수 있다. 타인을 치유해주고 어둠에서 꺼내어주는 역할을 하기에도 좋다.

- **Ex3** ♀_(PR)과 ♅_(N): 개성과 독창성을 예술적인 형태로 표현하기 좋다. 평등하고 공평한 관계를 지향하며, 미래지향적이고 변화를 주도하는 사람들과 관계를 맺기 원할 수 있다. 돈과 소유물의 예기치 못한 변화가 생길 수 있다. 관계를 통하여 이전과는 전혀 다른 가치관과 취향이 생길 수 있다.

3. 프로그레스드 ♂

♂(PR)은 욕망Desire, 욕구Want, 분노, 주장, 의지 등을 발산하고 표현하는 방식을 의미한다. 인생의 목표를 설정하고 성취하는 과정이기도 하다.

1) ♂(PR)의 사인

♂(PR)이 새로운 사인에 진입하면 그 사인의 성향Quality을 인식하고 긍정적으로 사용하면 좋다. ♂(PR)이 ♑에 진입하였다면 나의 욕구, 욕망, 주장 등을 구체적이고 현실적으로 표현하는 법을 배우기 좋다. 나의 인생의 목표가 현실적으로 성취 가능한지를 생각해보기 좋은 시기일 수 있으며 목표를 점검하고 재조정하기에도 좋다.

2) ♂(PR)의 하우스

♂(PR)이 새로운 하우스에 진입하면 그 영역에서 내가 원하는 것을 성취하기에 좋다. 열정적이고 적극적으로 행동으로 옮기기에도 좋다. ♂(PR)이 네 번째 하우스에 진입하였다면 독립을 하기에도 좋고 정당한 나의 주장을 가족들에게 알리기도 좋다. 임신 또는 출산을 하기에도 좋은 시기일 수 있다. 가족들과 다툼이 일어날 수도 있다.

3) ♂(PR)의 역행 기간은 약 74년이다.

* 트랜짓 화성은 약 2년마다 약 74일 역행한다.

네이탈 ♂ 순행Direct → 프로그레스드 ♂ 역행Retro: 나의 욕망, 욕구, 목표 등을 되돌아보고 점검해보기 좋다. 자신과 경쟁하며 조용히 내가 원하는 것을 성취할 수도 있다. 역행이 처음 시작되는 시기에 욕구불만, 분노 폭발, 행동력 저하 등이 올 수 있다.

네이탈 ♂ 역행^{Retro} → 프로그레스드 ♂ 순행^{Direct}: 나의 욕망, 욕구, 목표 등을 직접적으로 표현하고 발산하기 좋다. 세상 밖으로 나와서 경쟁하고 내가 원하는 것을 성취하려는 욕망이 강해질 수 있다.

4) ♂$_{(PR)}$의 각도(☌, ☍, □)

♂$_{(PR)}$이 네이탈 행성과 각을 맺으면 그 행성들의 에너지를 적극적으로 사용하는 좋다. 그 행성이 진정으로 원하는 것이 무엇인지를 생각해 보는 것도 좋다.

- **Ex1** ♂$_{(PR)}$과 ♀$_{(N)}$: 타인을 배려하여 나의 가치관과 취향을 표현하지 않았다면, 이 시기에 적극적으로 표현하고 알리기 좋다. 나의 예술적 감각을 적극적으로 표출하는 것도 좋다. 관계를 주도적으로 맺기에도 좋으며, 내가 원하는 관계를 맺기 위해 위험을 감수할 수도 있다.

- **Ex2** ♂$_{(PR)}$과 ♆$_{(N)}$: 종교 활동, 구호 활동, 봉사 활동, 예술적 활동을 적극적으로 하기 원할 수 있다. 신 또는 위대한 존재와 하나가 되고 싶은 열망이 강해질 수 있으며, 그러한 열망이 행위로 표출될 수도 있다(춤, 의식). 상상력과 창의력을 분출하고 싶은 욕구가 강해질 수 있다.

- **Ex3** ♂$_{(PR)}$과 Ds$_{(N)}$: 관계를 맺고 싶은 욕구가 강해질 수도 있고, 혼자만의 시간을 갖기 원할 수도 있다. 파트너와 함께 인생의 목표를 세우거나 여행, 운동, 야외 활동 등을 하기에도 좋다. 자신의 욕구와 주장을 강요하거나 분노를 조절하지 못하여 다툼이 일어날 수도 있다.

4. 프로그레스드 As, Ds, Mc, Ic ♂ 네이탈 행성

1) 프로그레스드 As ♂ 네이탈 행성: 네이탈 행성 에너지가 인생에 접근하는 방식, 개성, 정체성 등에 영향을 준다.
- **Ex** As(PR) ♂ ♅: 독창적이고 미래지향적인 성향, 기술적인 능력 등이 나의 정체성과 성격에 영향을 미칠 수 있다. '나만의 시간과 공간을 어떻게 확보하느냐'의 이슈가 중요해질 수 있다. 사람들을 일깨워주고 변화를 주도하는 선구자가 될 수도 있고, 음모론과 실현 불가능한 이상주의를 주장하는 괴짜가 될 수도 있다.

2) 프로그레스드 Mc ♂ 네이탈 행성: 네이탈 행성의 에너지가 나의 직업과 사회적 위치에 영향을 준다. 행성의 에너지를 인식하고 직업적으로 사용하기 좋다.
- **Ex** Mc(PR) ♂ ♃: 도전과 확장의 시기이다. 기회와 행운이 올 수도 있다. 해외로 진출하거나 외국 회사들과 협력하기에도 좋을 수 있다. 승진을 할 수도 있고 더 좋은 조건의 회사로 이직할 수 있다. 해외로 파견 나가거나 외국계 회사에서 일하기에도 좋다. 일과 관련된 공부 또는 해외에서 경험과 노하우를 쌓기도 좋다. 무모한 도전 또는 무리한 확장과 투자는 조심해야 한다.

3) 프로그레스드 Ds ♂ 네이탈 행성: 네이탈 행성 에너지가 파트너(배우자)와의 관계, 동업자와의 관계, 친한 친구 관계 등에 영향을 준다.
- **Ex** Ds(PR) ♂ ☽: 내가 맺고 있는 관계가 감정적 안전감과 니즈^Needs에 어떠한 영향을 미치고 있는가를 생각해 보기 좋다. 충분히 양육하고 양육 받고

있는지, 감정적인 교류는 어떻게 이루어지고 있는지 등을 생각해 보기 좋다. 어머니(양육자)와 같은 사람에게 끌릴 수 있으며 내가 그러한 역할을 할 수도 있다. 의존적이며 끊임없이 요구하는 어린이와 같은 성향을 보일 수도 있다.

4) 프로그레스드 I_C ♂와 네이탈 행성: 네이탈 행성 에너지가 집, 가족, 기초, 기반 등에 영향을 준다.

- **Ex** $I_{C(PR)}$ ♂ ⚷: 집안 환경 또는 가족들과의 관계에서 어떠한 상처가 있었는지를 생각해보고 그 상처를 받아들이고 치유하기 좋다. 상처입은 가족 구성원을 돌봐주고 치유해주는 것도 좋다. 집안환경 또는 가족관계에서 상처를 입은 사람들에게 치유자 또는 멘토의 역할을 하는 것도 좋다. 이민을 계획하거나 외국인 상대로 숙박업을 해보는 것도 좋을 수 있다.

5. 세컨더리 프로그레션(Secondary Progression) 차트 해석

예시 1

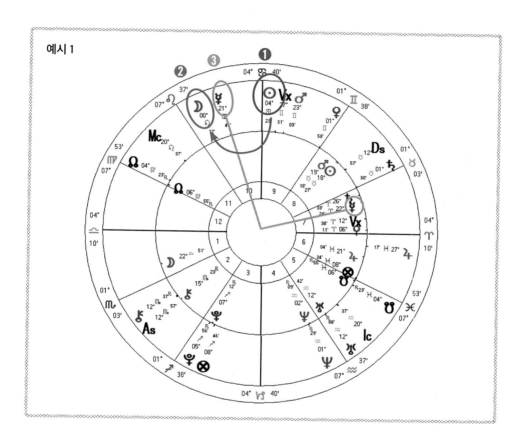

1. ☉(PR) ☌ Mc(♋)

나의 천직이 무엇인지, 내가 하고 싶은 일은 무엇인지를 생각해 보기 좋다. 새로운 일을 시작해 보는 것도 좋고 리더의 역할을 하는 것도 좋다. 창의력과 개성을 발휘하여 나의 능력을 알리기에 좋은 시기이다. 일을 통하여 자신의 정체성을 찾을 수도 있다. 위 차트의 ☉은 ♋ 사인이다. 요식업, 숙박업, 부동산업, 돌봄 관련 사업 등에 관심이 생길 수 있다. 직장과 사회에서 어머니의 역할을 하는 것도 좋을 수 있다. 자만심, 권력 남용, 자기중심적인 태도 등은 조심해야 한다.

2. ☽(PR)

☽(PR) 사인은 ♌이며 10번째 하우스에 위치한다. 이 차트의 Mc 사인(♋)의 지배 행성 역시 ☽이다. 직업적, 사회적 영역에서 ☽(PR)의 영향력은 매우 중요하며 사자자리 성향이 직업적, 사회적 영역에서 강하게 표출될 수 있다. 세상일에 적극적으로 참여하고 창의력을 발휘하여 관심과 찬사를 받기 원할 수 있다. 지위와 명예를 얻기 위해 열심히 노력하는 시기이다. 주도적으로 프로젝트를 이끌어 나아가기도 좋고 동료들에게 동기부여를 해주기도 좋다.

☽(N) 사인은 ♎이다. 원래는 타인을 배려하고 이해하려는 성향이지만 이 시기에는 타인보다는 내가 중요할 수 있다.

3. ☿(PR) □ ☿(♈)

☿(PR)이 네이탈 ☿에게 새로운 생각과 아이디어, 나와 다른 관점 등을 받아들이고 습득하라고 압박을 주고 있다. 프로그레스드 ☿이 게자리 사인 성향을

네이탈 양자리 ☿에게 소개한다고 보면 된다. 이전에는 나의 생각과 아이디어를 강하게 주장하였다면 이 시기에는 타인의 생각과 의견을 존중해주고 감정적 이해와 소통을 배우는 시기일 수 있다. 부동산, 인테리어, 다이어트, 양육과 관련된 공부를 해보는 것도 좋다. ☿(PR) 역시 10번째 하우스에 위치한다. 세상과 소통하고 일과 관련된 지식과 정보를 교환하기 좋다.

4. 쌍둥이자리 ♀(PR) 9번째 하우스 진입

다양한 외국문물을 경험하고 외국인들과 교류하기 좋다. 외국인, 교포, 유학생들과 연애를 하거나 결혼을 할 수도 있다. 외국(외국인)과 관련된 사업 또는 해외 투자에 관심이 생길 수 있다. 나만의 가치관, 연애 경험담, 미적 감각 등을 출판, SNS 등을 통하여 세상에 알리기 좋은 시기일 수 있다.

5. ☽(PR)의 형상(Moon Phase)

위 차트에서 달의 형상은 신월이며 초승달 형상으로 가고 있다(p.102 8단계의 프로그레스드(☽)의 형상 참고).

6. 위 차트에서 그 외 참고사항

1) 프로그레스드 앵글들(A.s, M.c, D.s, I.c)의 하우스 위치
2) 프로그레스드 화성의 사인과 하우스 위치

예시 2

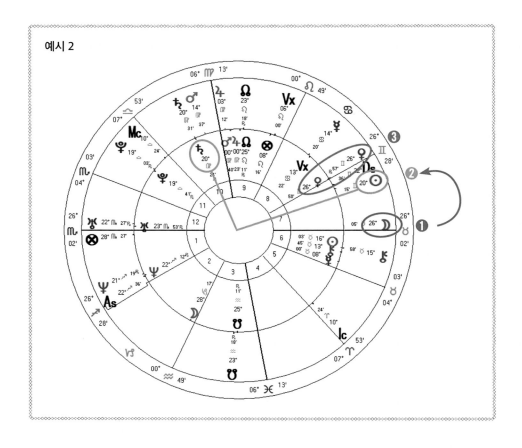

1. $D_{(PR)}$ ♂ D_s(♉)

관계에서 적절히 돌봐주고 돌봄을 받고 있는지, 안전감을 느끼는지, 감정적 교류는 잘 이루어 있는지 등의 이슈가 부각될 수 있다. 위의 이슈는 자신에게도 큰 영향을 미칠 수 있다($D_{(PR)}$ ☌ As). 관계를 맺고 싶어 하는 마음이 커질 수 있으며, 약혼 또는 결혼을 하기에 좋은 시기일 수 있다.

$D_{(PR)}$사인이 ♉이다. 파트너와 오감을 만족시킬 수 있는 취미를 공유하기 좋다(맛집 탐방, 마사지, 미술관 관람 등). 파트너와 돈과 소유물에 대한 견해를 교환하기에도 좋다(투자, 저축 등).

2. ☉(PR) □ ♄(♍)

네이탈 ♄은 10번째 하우스에 위치한다. 직업, 사회적 위치, 명예, 권위, 책임, 의무 등의 이슈가 강해지는 기간이다. 나의 직업과 사회적 위치가 만족스러운지, 사회적 책임과 의무를 성실히 이행하고 있는지 등을 생각해보기 좋다. 책임자의 역할을 수행하기도 좋다. 권력다툼, 파벌 싸움 등이 일어날 수도 있고 윗사람 또는 권위자와 갈등이 생길 수도 있다.

3. ♀(PR) ♂ ♀(♊)

여덟 번째 하우스에서 ♂을 이루고 있다. 친밀한 관계, 공유재산, 유산, 동업 등의 이슈가 강조되는 시기이다. 현재 친밀한 관계를 맺고 있는 사람이 신뢰하고 믿을 수 있는지가 중요해질 수 있다. 부모 또는 배우자의 영향으로 돈과 소유물 또는 공유 재산에 대한 가치관이 변할 수 있다. 숨겨진 ♀의 재능(예술, 외교, 중재 등)을 발견할 수 있다. 한사람과 진지한 관계를 맺을 것인지 다양한 사람들과 친구처럼 관계 맺을 것인지에 대한 갈등이 있을 수 있다(여덟 번째 하우스 vs 쌍둥이자리).

4. ☽(PR)의 형상(Moon Phase)

위 차트의 달의 형상은 그믐달이다(p.102 8단계의 프로그레스드(☽) 참고). 만일 새로운 일을 시작한다면 그믐달 기간이 2/3 정도 지났을 때 하는 것이 좋다.

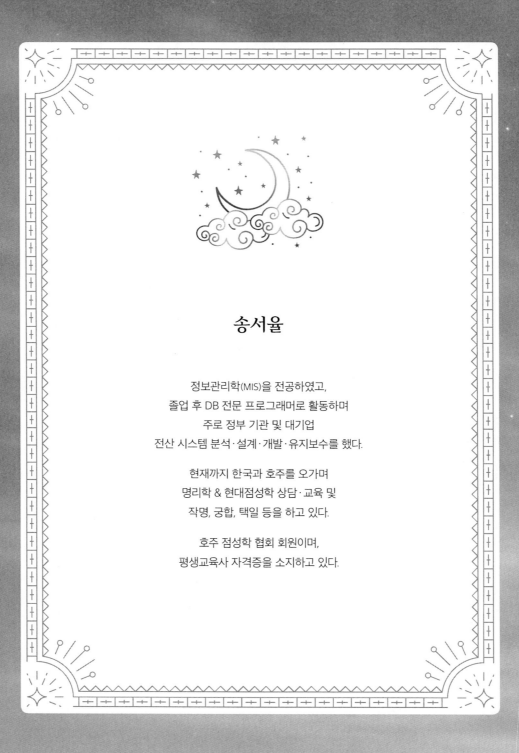

송서율

정보관리학(MIS)을 전공하였고,
졸업 후 DB 전문 프로그래머로 활동하며
주로 정부 기관 및 대기업
전산 시스템 분석·설계·개발·유지보수를 했다.

현재까지 한국과 호주를 오가며
명리학 & 현대점성학 상담·교육 및
작명, 궁합, 택일 등을 하고 있다.

호주 점성학 협회 회원이며,
평생교육사 자격증을 소지하고 있다.

3장

솔라리턴
(Solar Return)

1. 솔라리턴(Solar Return)

외국에서는 생일이나 크리스마스에 "Many Happy Returns!"라며 축하의 말을 건네기도 한다. 생일이나 크리스마스는 매년 똑같은 날로 돌아오기 때문에 Return이라는 단어가 들어간 것인데, 솔라리턴^{Solar Return}도 말 그대로 매년 태양이 본인의 네이탈 차트와 똑같은 위치로 되돌아오는 때를 말한다.

생일과 비슷하다. 보통은 생일 ±1일이 되며 이 차이는 태양의 주기가 일정치 않아 생긴다. 예를 들어, 2000년 12월 1일 13시 05분에 서울에서 태어났다면, 이 사람의 솔라리턴은 매년 11월 30일 13시 05분부터 12월 2일 13시 05분 사이에 태양이 돌아온다는 뜻이다.

Check Point

한 해의 태양이 네이탈 차트의 태양과 같은 위치가 되는 때를 찾아서 차트를 읽어보는 기법을 솔라리턴이라고 하며 트랜짓을 반영한다.

- **Ex** 2000년 12월 1일 13시 05분 서울에서 태어난 사람의 태양 위치는 사수자리 9°16'이다.

2019년의 솔라리턴을 찾아보면, 2019년 12월 2일 3시 45분 39초 서울이 된다 (솔라리턴 차트를 뽑을 때 사용하는 위치는 주로 태어난 장소나 지금 사는 장소를 많이 지정한다).

즉, 2019년 태양이 사수자리 9°16'에 위치할 때는 2019년 12월 2일 3시 45분 39초 서울이라는 뜻이다. 실제의 생일과 약 15시간 정도의 차이가 난다.

보통 해마다 태어난 때와 24시간 이내의 차이가 나기 때문에 매년 솔라리턴 날짜와 시간은 다르게 된다.

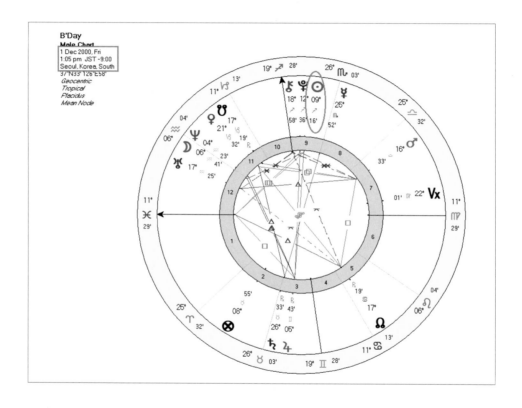

현대 점성학 102

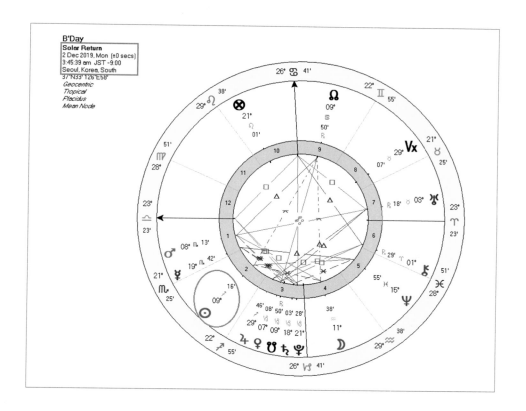

- 태어난 곳

- 현재 사는 곳

- 솔라리턴 될 때 본인이 있는 곳

Check Point

솔라리턴은 한 해의 전반적인 에너지 흐름을 본다.

연초마다 한 해 운을 보기 위해 철학관을 찾는 것처럼, 솔라리턴으로 생일 기준 1년 동안의 전반적인 에너지 흐름을 볼 수 있다.

그래서 새해 계획을 세울 때 솔라리턴을 활용하면 도움이 된다.

솔라리턴 차트와 네이탈 차트를 비교하여 같은 점과 다른 점을 본다.

특히 두 차트 간의 중복되는 점은 중요하게 본다. 예를 들면 네이탈 차트에서 달과 토성이 각을 맺고 있는데, 솔라리턴 차트에서도 달과 토성이 각을 맺고 있다면 그해에는 토성이 미치는 영향력이 2배가 될 수 있다.

태양은 솔라리턴의 차트를 4등분으로 나누어 시계 방향으로 1 → 2 → 3 → 4로 매년 움직인다.

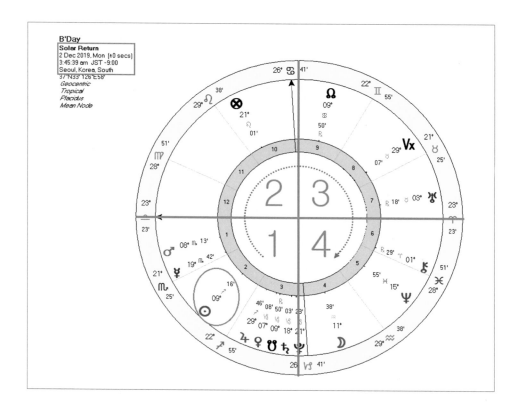

현대 점성학 102

태양은 매년 시계 방향으로 하우스 3개 정도 이동하며 달은 하우스 2개 정도 움직인다.

금성은 8년마다 자기 위치로 돌아온다(8, 16, 24, 32 …). 금성이 첫 번째 하우스에 있다면 8년 뒤에도 첫 번째 하우스에 위치한다.

태양이 트랜짓 외행성과 각을 이루고 있으면 몇 년 동안 계속해서 하우스 위치만 변하며 솔라리턴 차트에 나타난다.

- **Ex** 올해 솔라리턴 차트에서 태양과 천왕성이 90°를 이루면 향후 몇 년간 솔라리턴 차트에서 하우스의 위치만 변하여 태양과 천왕성이 90°를 이루고 있는 것을 볼 수 있다.

솔라리턴에 관련해서 흥미로운 Lynn Bell의 이론이 있다.

이번 해 솔라리턴이 5월 1일 11시라고 가정하면 5월 1일 11시부터 24시간, 즉, 5월 2일 11시까지 일어나는 일들이 올해의 전반적인 이슈가 될 수 있다는 이론이다. 그래서 Lynn Bell은 이 24시간 동안 자기가 한 해를 어떻게 보내야 하는지 목표가 무엇인지 등에 생각을 집중하고 명상해 보는 것을 권장하기도 한다.

이 기간에 약속이 지연되고 사람들과 다툼을 하게 되면, 올해 이슈는 지연과 다툼이 될 수 있으므로 생일에는 일 년 동안 하고 싶은 일과 관련된 행동을 하면 좋다. 스페인을 여행하고 싶었다면 스페인 여행에 관한 정보를 수집하거나 스페인 비행기나 숙소를 알아보기를 하면 좋다. 무난한 한 해를 보내고 싶다면 소소하게 일상을 유지하며 평범한 하루를 보내는 것도 나쁘지 않다.

2. 솔라리턴 차트 해석

솔라리턴$^{Solar\ Return}$ 차트를 해석하는 방법에는 크게 두 가지 방법이 있다.

최대한 각 항목당 예시를 들어 설명하고 마지막에 이 내용을 종합하여 총정리 하겠다.

1. 태양과 다른 행성들과의 각도, 태양의 하우스 위치를 본다.

 Ex

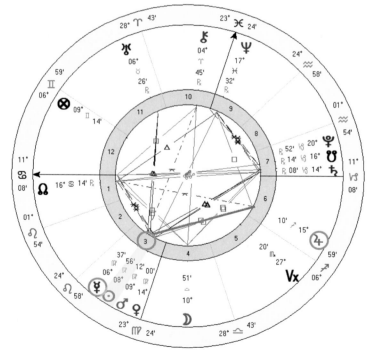

$\odot_{(SR)}{}^9$이 3번째 하우스에 있으므로 3번째 하우스의 의미를 생각하해석한다. 예시로 이 해에는 배우거나 가르치기에 좋은 해가 될 수도 있다.

게다가 태양이 수성, 목성과 각을 맺고 있어서($4_{(SR)}$ □ $\odot_{(SR)}$ ♂ $\mathring{Y}_{(SR)}$) 그동안 하고 싶었던 공부를 하거나 가르치기에 좋은 에너지를 받고 있다.

---

2. 4개의 앵글에 ♂^{컨정선}된 행성들이 올해에 이용해야 할 에너지다.

- **Ex**

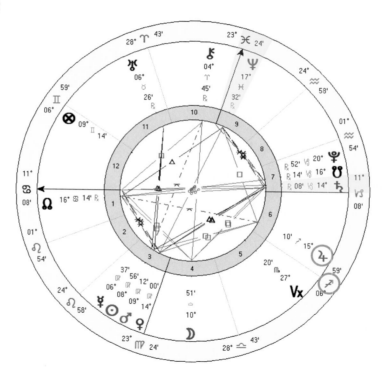

$Ds_{(SR)}$에 토성이 ♂을 맺고 있고 ($\hbar_{(SR)}$ ♂$Ds_{(SR)}$), $Mc_{(SR)}$에 해왕성이 ♂을 맺고 있

---

9 $\odot_{(SR)}$ – $_{SR}$은 Solar Return의 표식으로 솔라리턴 차트의 태양을 뜻한다.

다($\Psi_{(SR)}$ ♂ $Mc_{(SR)}$).

해왕성의 에너지를 긍정적으로 예술 또는 영성과 관련된 일로 사용하면 좋다. 부정적으로는 휴직한다거나 승진을 못 할 수도 있고 직업을 찾기 위해 방황할 수도 있다.

그리고 한 가지를 더 보면 $Mc_{(SR)}$ 사인(♓)의 룰러(Ψ)가 $Mc_{(SR)}$에 ♂되어 있어서 ($Mc_{(SR)}$ ♂ $\Psi_{(SR)}$) 일이 중요해지는 해가 될 수 있다. 게다가 6번째 하우스의 커스프가 사수자리이고 사수자리의 룰러(♃)도 6번째 하우스에 자리잡고 있어서 이해에는 하는 일에 큰 비중이 실린다고 여겨진다.

$Ds_{(SR)}$에 ♂되어 있는 토성의 에너지로 책임감을 가지고 타인과 함께 일하기에도 좋다.

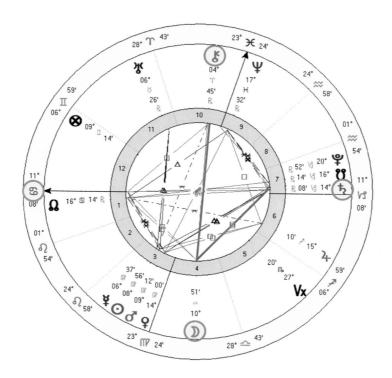

$As_{(SR)}$는 게자리이고, 게자리 룰러인 달은 4번째 하우스에 있어서 집도 중요하다. 그리고 달이 토성, 카이런과 각을 맺고 있다($\hbar_{(SR)}$ □ $D_{(SR)}$ ☌ $\xi_{(SR)}$).

내 집이 중요해지며 나의 소속감을 어떻게 확보하느냐가 중요한 사안이 될 수도 있다. 즉 '내 집이 어디인가?'에 포커스가 맞춰지기 쉽다.

4. 네이탈 차트와 반복되는 영향을 본다.

- **Ex**

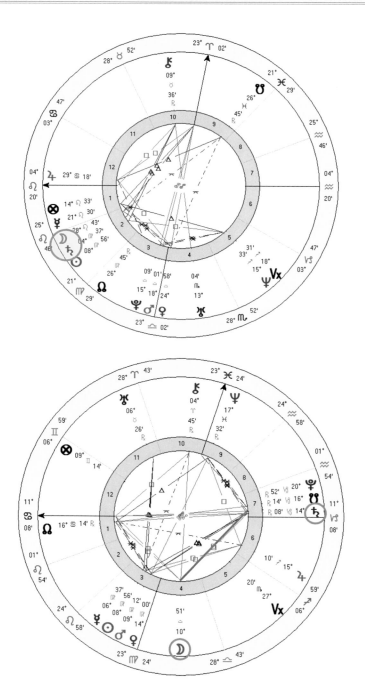

현대 점성학 102

네이탈 차트에서 달과 토성이 각을 이루고 있고 솔라리턴 차트에서도 달과 토성이 각을 이룬다면 이번 해에는 이 행성들의 각도가 매우 중요한 이슈일 수 있다 ($\mathbb{D}_{(N)}$ σ $\hbar_{(N)}$, $\mathbb{D}_{(SR)}$ $\square$ $\hbar_{(SR)}$).

따라서, 이 해에는 집과 관련된 일도 일어날 수 있다.

---

5. Moon Phase를 본다(태양과 달의 각도).

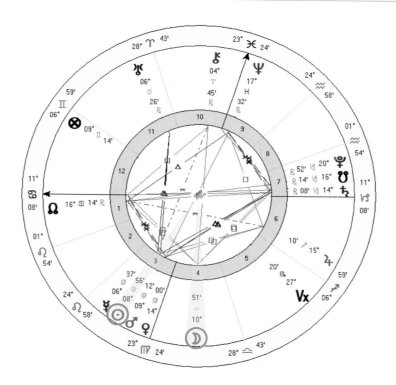

태양이 처녀자리 8°56′이고 달이 천칭자리 10°51′에 위치한다.

태양과 달의 각도 차이가 31°55′이 되어 달은 신월$^{\text{New Moon}}$이 된다.

이때는 목표를 세우고 움직이기 좋은 시기가 되므로 어떤 일을 시작하기 좋은 해가 될 수 있다.

* 점성학자에 따라서는 솔라리턴 차트의 원소와 모드를 계산해서 차트의 아웃라인을 볼 때 참고하기도 한다.[10]

6. 강조된 사인이나 하우스가 있는지 확인한다.

• Ex

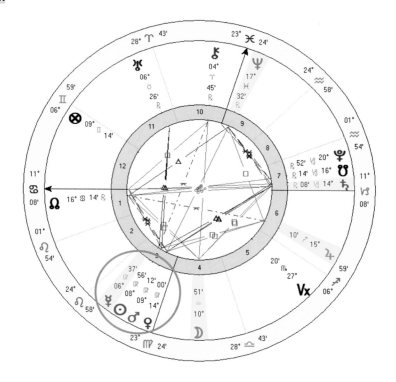

10 『현대 점성학 101』 p.23~26('3. 원소와 모드를 이용한 차트 해석', '4. 행성과 앵글의 배점') 참고

여러 행성이 3번째 하우스에 서로 가깝게 밀집되어 강조되어 있다.

수성, 태양, 화성, 금성이 스텔리움(Stellium)[11]을 형성하고 있으므로 3번째 하우스와 처녀자리가 강조되어 있다는 정보를 알 수 있다.

또한 수성, 목성, 토성, 해왕성이 자기 사인(♍의 룰러 ☿, ♐의 룰러 ♃, ♑의 룰러 ♄, ♓의 룰러 ♆)에 위치해서 힘을 얻고 있다.

As(SR)가 게자리이고, 4번째 하우스가 게자리의 의미를 지닌 위치에 게자리의 룰러인 달이 위치하고 있으므로 4번째 하우스도 중요하게 본다.

그리고 10번째 하우스에 카이런이 있어(☽(SR) ☍ ⚷(SR)) 하우스 의미로 본다면 집과 일 사이의 균형을 맞추는 해가 될 수도 있다.

행성과의 각도를 보면 ♄(SR) □ ☽(SR) ☍ ⚷(SR)로 나의 안정감을 확보하려고 노력하는 해가 될 수도 있다.

> **7. As 사인의 룰러나 태양처럼 주요한 행성이 0° 또는 29° 인지 살펴본다**(0°는 새로운 시작, 29°는 끝, 마무리의 뜻을 지니고 있음).

* 뒤에 나올 '네이탈 차트와 솔라리턴 차트를 함께 보는 방법(Bi-Wheel)'에서 3번 내용 참고(p.143).

---

11 스텔리움(Stellium) - 행성이 비슷한 위치에 3개 이상 모여있는 모습을 뜻한다.

• Ex

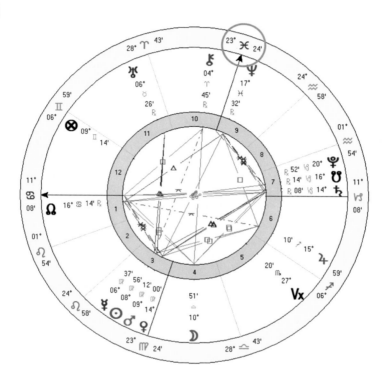

Mc의 사인은 물고기자리이고 모드는 '뮤터블Mutable'이다.

지금까지 예시를 든 솔라리턴 차트가 A의 01년도 솔라리턴이라고 가정하고 향후 몇 년간의 솔라리턴 차트를 뽑아 정리해 보았다.

년도	01	02	03	04	05	06	07	08	09	10	11
Mc	♓	♊	♍	♐	♓	♊	♍	♐	♒	♉	♌
모드	M	M	M	M	M	M	M	M	F	F	F

위 내용처럼 01년부터 08년까지 계속 '뮤터블 모드'가 계속되다가 09년도부터는 '픽스드 모드'로 바뀐다는 것을 알 수 있다. 그래서 09년도에는 사회적 위치에 변화가 있을 수 있는 의미가 있는 해가 될 수 있다.

예를 들어 이렇게 Mc의 모드에 변화가 있을 때는 직장의 변동이나 승진하여 직위의 변화가 있을 수도 있다.

만약에 이때 이직을 한다고 가정하면, 08년도와 09년도에는 하던 일을 잘 마무리하여 다음 사람에게 잘 인수인계 해주고 이직한 새로운 직장에서 적응을 잘하도록 노력하면 좋다.

9. 역행하는 행성을 확인한다.

• Ex

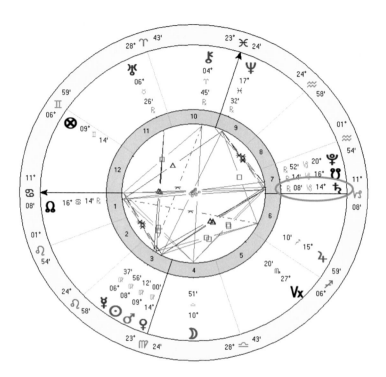

토성이 역행하고 있어서 남들과 다른 나만의 방식으로 가르치기 좋다.

3. 네이탈 차트와 솔라리턴 차트를 함께 보는 방법
(Bi-Wheel): 오브 4°(♂ 컨정션, ☍ 어퍼지션)

> 1. 솔라리턴 차트의 행성들과 네이탈 차트의 행성들과의 각도를 본다(☉(SR) 제외).

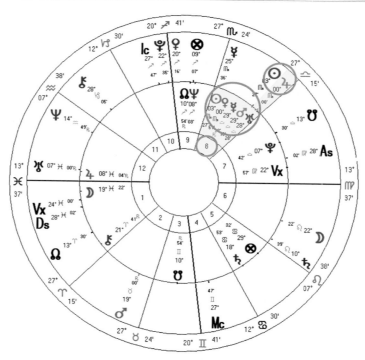

Inner Wheel: Natal_Chart, Outer Wheel: Solar_Return_Chart

♃(SR)이 네이탈 차트의 8번째 하우스에 스텔리움Stellium을 이루고 있는 태양, 금성, 수성, 화성, 천왕성과 ♂을 맺고 있다.

8번째 영역과 이 행성들의 확장이 이루어질 것으로 보인다.

2. 4개의 앵글과의 ♂된 행성들을 확인한다.

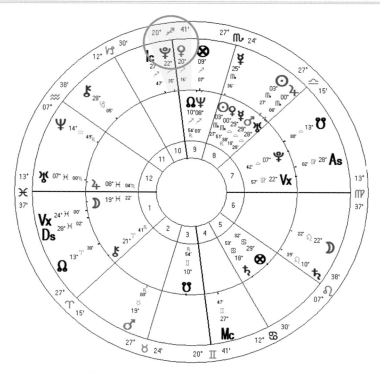

Inner Wheel: Natal_Chart, Outer Wheel: Solar_Return_Chart

Mc(N)에 솔라리턴 차트의 명왕성과 금성이 ♂되어 있어 사회적인 위치와 관계에 변화가 있을 수 있는 것으로 보인다(♇(SR) ♂ Mc(N) ♂♀(SR)).

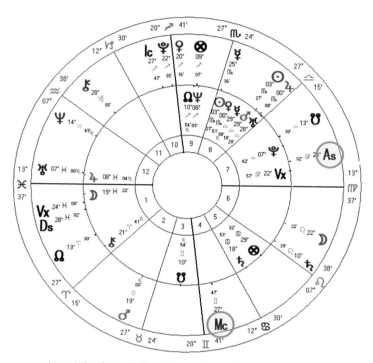

Inner Wheel: Natal_Chart, Outer Wheel: Solar_Return_Chart

As(SR)은 네이탈 차트의 7번째 하우스에 있고, Mc(SR)는 네이탈 차트의 4번째 하우스에 있어 관계와 가정에 관한 일이 될 수 있다.

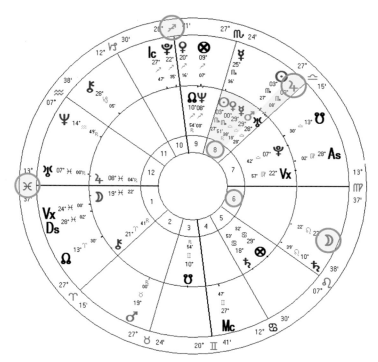

Inner Wheel: Natal_Chart, Outer Wheel: Solar_Return_Chart

한 가지를 더 보면, As(N)는 물고기자리이고 Mc(N)는 사수자리다.

이 둘의 공통적인 룰러는 목성으로 8번째 하우스에 위치한다. 신뢰할 만한 관계에서 확장이 이루어질 수 있을 것 같다.

또한 목성은 전갈자리 0°로 신뢰할만한 관계의 시작이 예상된다.

게다가 솔라리턴 차트의 목성이 네이탈 차트의 태양, 금성, 수성, 화성과 ♂을 맺고 있어서 8번째 영역이 중요도가 매우 커지게 된다.

4. 행성들의 Return

솔라리턴의 행성들의 위치가 네이탈 차트의 행성의 위치가 같을 때를 말한다.

- **Ex** 네이탈 차트에서 $☿_{(N)}$ · ♌ · 12°인데 어느 해의 솔라리턴 차트에서 $☿_{(SR)}$ · ♌ · 12°이라면 이 해에는 수성의 의미를 조금 더 비중 있게 생각한다. 마찬가지로 네이탈 차트에서 $♀_{(N)}$ · ♌ · 5°인데 솔라리턴 차트에서 $♀_{(SR)}$ · ♌ · 5°라면 이 해에는 금성의 의미를 좀 더 비중 있게 본다.

지금까지 정리한 내용을 종합하면 다음과 같다.

솔라리턴 예시 1

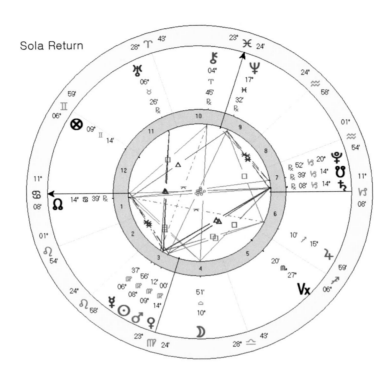

첫 번째 예시를 들었던 솔라리턴 차트다.

차트의 주인공은 명리학과 점성학의 상담가다.

앞서 나열한 내용처럼 이 해에는 태양이 3번째 하우스를 밝혀주고 있고 3번째 하우스의 처녀자리 스텔리움^Stellium^을 형성하고 있다.

달의 주기^Moon Phase^도 신월^New Moon^이라 어떤 일을 시작하기 좋은 해가 될 수 있다. 그래서인지 자연스럽게도 꼼꼼하고 체계적으로 가르치는 일을 시작하게 되었다.

또한 Mc(SR) 사인(♓)의 룰러(♆)가 Mc(SR)에 ♂되어 있고 (Mc(SR) ♂ ♆(SR)), Ds(SR) ♂ ♄(SR)의 영향을 받아 그동안 상담만 해오던 일의 비중이 늘어나면서 ♆의 영역이기도 한 명리학과 점성학을 학생들에게 가르치는 방향으로 무게를 실어준 것으로 보인다.

그리고 수성, 목성, 토성, 해왕성이 자기 사인(♍의 룰러 ☿, ♐의 룰러 ♃, ♑의 룰러 ♄, ♓의 룰러 ♆)에 위치해서 힘을 얻고 있는데, 이 행성들이 지니는 대표적인 의미는 공부, 커뮤니케이션, 선생님, 영성이기 때문에 사주나 점성학을 배우거나 가르치기 더없이 좋은 해가 되었다. 더군다나 토성이 역행하고 있어서 남들과 다르게 어려운 내용을 본인만의 방식으로 가르칠 수 있었을 것이다.

그리고, As(SR)를 보면 게자리이고 게자리 룰러인 달은 4번째 하우스에 있다. 집을 의미하는 4번째 하우스와 달이 토성, 카이런과 각을 맺고 있다.
(♄(SR) □ ☽(SR) ♂ ⚷(SR))

게다가 주인공의 네이탈 차트에는 ☽(N) ♂ ♄(N) 되어 있고, 솔라리턴에서도 ☽(SR) □ ♄(SR)가 되어 달이 양쪽에서 토성과 각도를 맺고 있으므로 달과 연관된 중요한 일이 있을 것이라는 예상을 해볼 수 있다. 실제로 이때 갑자기 복잡하게 이사 문제가 불거지며 주거지의 변화로 고민이 많았다.

솔라리턴 차트로 본 이 해의 주제는 크게 집과 일의 변화로 예상할 수 있으며 실제로 이 둘의 영역에서 변화를 겪고 문제해결을 하여 균형을 맞추는 해가 되었다.

다음은 네이탈 차트와 솔라리턴 차트를 함께 보자(Bi-Wheel).

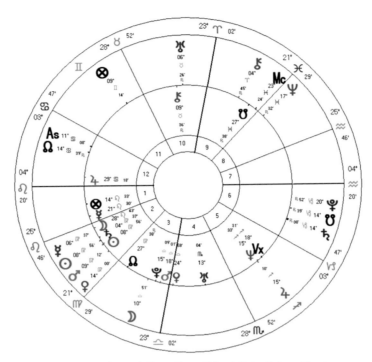

Inner Wheel: Natal_Chart, Outer Wheel: Solar_Return_Chart

☉(N)이 ☿(SR), ♀(SR), ♂(SR)과 ♂을 맺고 있어서 ☿(SR), ♀(SR), ♂(SR)의 영향을 다 받게 된다. 통신, 공부, 관계, 시작의 키워드를 가진 행성들로 온라인으로 학생들과 수업을 시작하게 되었다.

As(SR)은 네이탈 차트의 12번째 하우스에 있고 Mc(SR)는 네이탈 차트의 9번째 하우스에 있어서 평상시보다 좀 더 개방적이고 밝아진 모습으로 수업 문의가 왔을 때 다른 때처럼 무조건 거절을 한 것이 아니라 수용하여 영성이나 철학의 한 분야인 명리학과 점성학에서 그동안 내가 생각하지 않았던 수업을 진행하게 되었다.

As(N)는 사자자리이고 Mc(N)는 양자리다.

사자자리의 룰러는 태양이고 양자리의 룰러는 화성으로 2번째 하우스에 위치하여 위에서 설명한 대로 ☉(N)에 영향을 주었다.

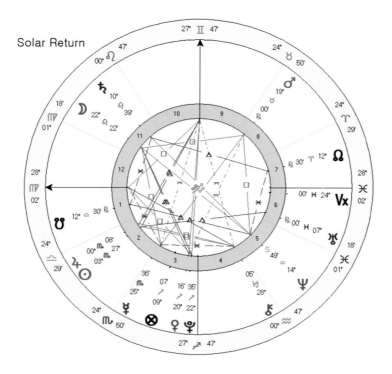

두 번째 예시로 사용한 차트다.

태양이 전갈자리이고 2번째 하우스에서 빛나고 있으므로 내 소유물이나 자존감이 하이라이트 될 수 있다.

태양이 목성과 ♂을 맺고, 카이런과 □를 맺고, 천왕성과 △을 맺어서(Ic가 ♐, Ds가 ♓로 둘의 룰러가 목성이다).

이 해의 주제는 친밀한 관계에서 확장과 새로운 도전이 될 수 있을꺼라 예측할 수 있다(내 재산이 늘어난다거나 내 자존감이 높아질 수도 있고 반대로 큰 지출이 일어나거나 오만해질 수도 있다).

♀(SR) ♂ ♇(SR)과 Ic(SR) ♂ ♇(SR)로 관계나 가정에서 큰 변화가 있을 것이라 예상이 된다.

주인공은 이 해에 결혼을 했다.

그래서 그동안 연인 사이였던 둘의 관계가 부부로 재탄생하였고 기존 부모님과 같이 살던 가족에서 결혼으로 본인의 가정을 꾸리게 되는 큰 변화를 가지게 되었다 (하지만, ♀(SR) ♂ ♇(SR)과 Ic(SR) ♂ ♇(SR)을 다른 면으로 사용하면 헤어지게 될 수도 있다).

As(SR)가 ♍, Mc(SR)가 ♊로 두 사인 모두 룰러가 ☿이다.

☿은 자기 하우스인 3번째 하우스에 위치하고 있고 화성과 ☌를 맺고 있다. 배우거나 가르치는 것도 좋고 독립적으로 내 의견을 내거나 새로운 시작을 하기에 좋은 해이다.

또한, 달과 화성이 해왕성의 영향을 강하게(T-Square) 받아 내가 원하는 집을 꿈꿔 볼 수도 있고 내가 꿈꿔온 인생의 목표를 생각해 볼 수도 있다.

다음은 네이탈 차트와 솔라리턴 차트를 함께 보자(Bi-Wheel).

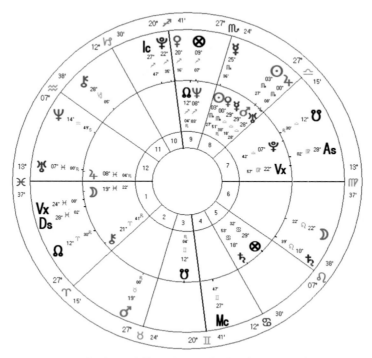

Inner Wheel: Natal_Chart, Outer Wheel: Solar_Return_Chart

♃(SR)이 ☉(N), ♀(N), ☿(N), ♂(N)과 ♂을 맺으며 이 행성들을 확장해주므로 8번째 하우스가 갖는 의미와 이 행성들의 의미의 비중이 매우 크다고 볼 수 있다.

이 부부는 결혼하면서 서로의 지인을 알게 되어 인간관계가 넓어졌다.

부부 사이는 매우 신뢰하는 사이로 모든 것을 공유할 수 있는 부부로 보인다.

♇(SR) ♂ Mc(N) ♂ ♀(SR)이 되어 결혼으로 그동안 미혼에서 기혼으로 변하며 사회적인 위치와 관계에 변화가 생기게 되었다. 도시 생활을 하던 분이 결혼 후 시골로 이사하여 살게 되었으며 하던 일도 가정주부로 변하였다.

결혼 하면 사회적으로나 가정적으로 모든 면이 다 변하게 된다.

As$_{(SR)}$은 네이탈 차트의 7번째 하우스에 있고, Mc$_{(SR)}$가 네이탈 차트의 4번째 하우스에 있어서 결혼으로 인해 나는 관계의 영역에 있게 되고 나의 일은 집안일이 되어 가정 주부로 변화를 갖게 된다.

As$_{(N)}$는 물고기자리이고 Mc$_{(N)}$는 사수자리이다.

이 둘의 공통적인 룰러는 목성으로 전갈자리 0°로 8번째 하우스에 위치하고 있다. 신뢰할만한 관계에서 결혼이라는 인생의 새로운 시작을 하였다.

4장

솔라 아크 디렉션
(Solar Arc Direction)

1. 솔라 아크 디렉션(Solar Arc Direction)

솔라 아크 디렉션(Solar Arc Direcction, 이하 솔라 아크)은 프로그레션처럼 가상의 차트다. 프로그레션^{Progression}도 가상의 차트이지만 프로그레션은 태양이 1년에 1°씩 움직인다고 가정하고 나머지 행성들은 주기력표^{Ephemeris}에 의하여 계산한다. 그래서 해왕성과 명왕성 같은 외행성은 시간이 가도 거의 움직이지 않는다. 하지만 솔라 아크는 "모든 행성이 1년에 1°씩 움직인다."고 가정하기 때문에 외행성이라 해도 움직임에는 차이가 없다.

> 1. 솔라 아크는 "모든 행성이 1년에 1°씩 움직인다."라고 가정하여 계산된 차트를 뽑는다. 모든 행성이 1년에 1°씩 움직이기 때문에 한 달에 5′씩 태양과 같이 움직인다고 가정하는 테크닉이다. 어느 행성이나 1°씩 이동하다 보니 한 바퀴 다 도는 데 360년이 소요된다.

각 행성이 맺는 각도는 평생 한 번이다. 360살이 넘도록 사는 사람은 아무도 없기 때문이다. 마찬가지로 As, Mc과 같은 앵글도 전부 다 똑같이 1년에 1°씩 움직인다.

(정확하게는 태양의 속도와 같게 움직인다. 5월~8월에 태어나면 태양이 57′~58′ 움직이고 11월~2월에 태어나면 태양이 1°~1°1′ 또는 1°~1°5′ 움직이기 때문에 평균값인 1로 계산한다.

실제로는 11월~2월 사이에 태어난 아이들이 나이를 덜 먹게 된다. 60살이 됐을 때 이 아이들의 실제 태양 사이클은 58회 정도 밖에 안 되기 때문이다.)

- **Ex** $\hbar_{(SA)}$[12] σ $\odot_{(N)}$이 되어있다면 다시 $\hbar_{(SA)}$ σ $\odot_{(N)}$이 되기까지는 360년이 걸린다. 그래서 솔라 아크는 살아가는 동안 겪게 될 일을 의미하기도 하고 때에 따라서는 큰 사건이 될 수도 있다. 다음 차트를 보자.

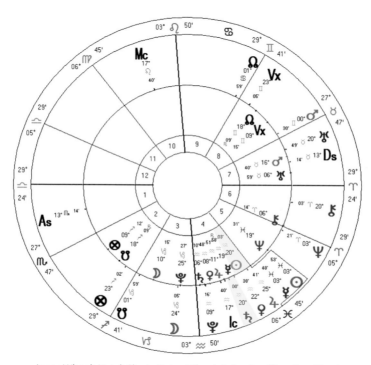

Inner Wheel: Natal_Chart, Outer Wheel: Solar_Arc_Direction_Chart

이 차트처럼 $\hbar_{(SA)}$ σ $\odot_{(N)}$된 후, $\hbar_{(SA)}$이 일 년에 약 1°씩 움직여서 다시 $\odot_{(N)}$과 σ을 맺으려면 360년이 걸리게 된다.

---

12 $\hbar_{(SA)}$ - $_{SA}$는 Solar Arc Direction의 표식으로 솔라 아크 차트의 토성을 뜻한다.

마찬가지로 □는 90년이 걸리게 되기 때문에 인생에서 한 번 일어나는 일이 되고, ✱만 맺으려 해도 60년이 걸린다. 이런 특성으로 솔라 아크 기법은 생시(태어난 시간) 보정에 많이 사용한다.

하지만, 매년 행성들이 의미 있는 각도를 맺는 게 아니기 때문에 어떤 해에는 행성 및 앵글이 아무런 특이사항을 가지지 않는 해도 있다.

역행이 없다. 네이탈 차트에서 역행하고 있는 행성도 역행을 고려하지 않고 1°씩 앞으로 움직인다. 위 차트 속 수성이 역행하고 있지만, 역행을 신경 쓰지 않고 다른 행성처럼 반시계 방향으로 1년에 1°씩 움직인다고 생각하면 된다.

> 2. 오브(Orb) 범위는 1°(±30′)이며 1년 동안 무슨 일이 일어나는지를 보기 좋고 각도는 ♂컨정선, ☍어퍼지션, □스퀘어를 중요시 본다.

- **Ex** 네이탈 차트의 태양이 사자자리 2°일 때, 솔라 아크 행성이 ♂을 이루는 각도의 범위는 사자자리 1°30′에서 사자자리 2°30′으로 1°의 오차 범위 내에 있으며, 기간은 1년(1°)으로 ±6개월이라고 생각하면 된다.

  * 보통 트랜짓, 프로그레션은 ±1°씩 2°인 것과 비교하면 솔라 아크는 다른 테크닉에 비해 오브가 좁다는 것을 알 수 있다.

3. 솔라 아크는 트랜짓과 비슷하게 외부적인 영향 및 변화에 중점을 둔다(프
  로그레션은 내적 갈등 및 변화에 중점을 둔다).
  각 차트의 외행성, 내행성, 사회적 행성이 모두 똑같은 비중으로 서로에게
  영향을 준다.

- **Ex** ♀(SA) · ♌ · 0°, ♇(N) · ♌ · 10°라면 10살(만 나이) 때, ♇과 ♀이 ♂된다. 지
  금까지 배운 트랜짓Transit, 프로그레션Progression, 솔라리턴Solar Return처럼 네이탈
  차트가 외부의 영향을 받는다고만 생각하면 여기서 의문이 생길 것이다. 솔라
  아크 차트의 금성은 내행성이라 외행성인 네이탈 차트의 명왕성에 영향을 줄
  수 없다고 생각할 수 있기 때문이다. 하지만 이런 경우는 금성이 명왕성의 영
  향을 받는다고 본다.

4. 같은 내행성끼리 각도를 맺고 있다면 각 행성이 지닌 의미를 섞는다.

- **Ex** 금성과 수성이 각을 맺고 있다면 두 행성의 의미를 합쳐서 '아름다운 글
  을 쓴다', '미적 감각을 더한 디자인을 한다', '다른 사람과의 관계를 통해서
  의사소통하는 방식을 발전시킨다' 등으로 볼 수 있다.

5. 솔라 아크에서 행성 또는 앵글이 새로운 사인 0°에 진입하면 그 새로운 사
  인의 의미에 기회, 희망, 새로운 시작 등의 긍정적인 의미를 부여한다. 이때
  네이탈 차트에서 새로운 사인에 속한 행성이 있다면 그 행성들 역시 같은
  영향을 받는다.

태양이 어떤 사인의 0°~1°일 때, 일 년 동안 태양은 그 사인의 본질에 새로운 기회, 새로운 시작이라는 긍정적인 의미가 있다.

- **Ex**

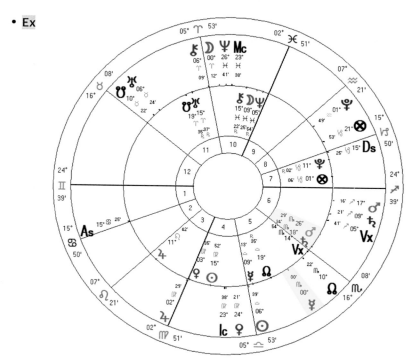

Inner Wheel: Natal_Chart, Outer Wheel: Solar_Arc_Direction_Chart

솔라 아크 차트에서 수성이 전갈자리 0°에 진입하면 집중력이나 깊이 있는 이해력이 필요한 공부를 시작하기도 하는 것처럼 전갈자리가 뜻하는 의미 안에서 수성이 새로운 기회를 접할 수 있다. 이때 네이탈 차트에서 토성과 화성이 전갈자리에 있다면 이 행성들도 영향을 받아 자신의 목표 성취, 야망, 노력 등에 집중하며 적극적으로 추진할 수도 있다(Vx^{버텍스}는 제외).

또, 솔라 아크 차트에서 명왕성이 천칭자리 0°로 들어오면, 새로운 기회를 뜻하므로 긍정적으로 진중한 관계나 믿을만하고 신뢰할 만한 사람을 만날 수 있다.

반대로 정리하고 싶은 관계인데 마음이 약해서 정 때문에 못 끝내고 있었다면 이 때 끝낼 수도 있다. 0°이므로 긍정적으로 사용하는 것이 좋다.

> **6. 솔라 아크에서 행성 또는 앵글이 29°일 때, 행성이 위치한 사인이 지닌 의 미의 마무리, 끝맺음, 위기 등을 뜻한다.**

긍정적으로 사용하면 그 사인의 본질을 터득하는 기간으로 활용할 수 있다.

29°라고 해서 0°처럼 같은 사인을 가진 네이탈 차트의 행성에 영향을 주는 일 은 없다.

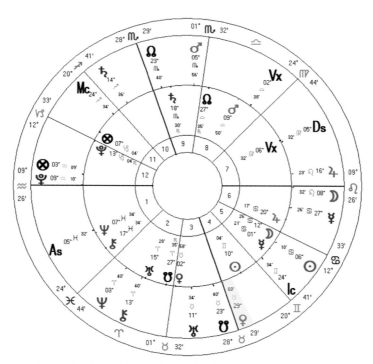

Inner Wheel: Natal_Chart, Outer Wheel: Solar_Arc_Direction_Chart

현대 점성학 102

솔라 아크 차트에서 금성이 황소자리 29°일 경우에 관계, 소유물, 안정감 등에 위기가 올 수도 있다. 신중한 자금 관리, 부채 상환 또는 더는 나에게 필요 없는 관계 정리 등을 의미하기도 한다.

솔라 아크 차트에서 토성이 게자리 29°일 경우에 집안, 어머니, 부동산, 분가(가족 간 단절 포함) 또는 돌아가시는 분이 있을 수도 있다. 반면에 게자리 0°면 나만의 가정을 꾸리게 될 수도 있다.

솔라 아크에서 29°는 마지막 각도로 마무리하는 뜻이고, 0°는 새 사인에 대한 희망과 새로운 시작을 뜻하는 긍정적인 면이 있다. 당연히 마무리를 잘해야 새로운 시작을 부드럽게 할 수 있다. 그러므로 연속해서 오는 이 기간 동안(2년)은 굉장히 역동적인 일이 일어날 수 있다.

- **CF** 네이탈 차트가 스텔리움^{Stellium} **13**일 때 솔라 아크 행성이 영향을 주는 범위 내로 진입을 하게 되면 스텔리움^{Stellium}으로 모여있는 행성들은 연속적으로 새로 진입한 행성의 영향을 받게 된다. 그래서 몇 년 동안 연쇄적으로 사건들이 일어날 수 있다. 이러한 현상을 더블웨미^{Double-Whammy}라고 부른다.

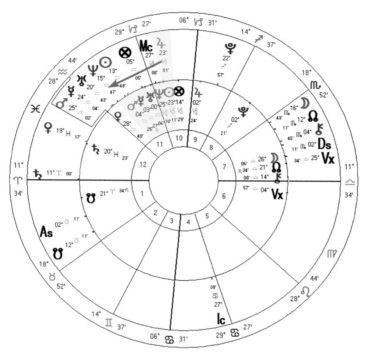

Inner Wheel: Natal_Chart, Outer Wheel: Solar_Arc_Direction_Chart

---

13 스텔리움^{Stellium} - 행성이 비슷한 위치에 3개 이상 모여있는 모습을 뜻한다.

> **7. 솔라 아크와 네이탈 차트를 합해서 볼 때(Bi-Wheel), 솔라 아크의 행성 또는 앵글이 새로운 하우스에 진입할 때 유의해서 본다.**

* 하우스 커스프는 시간이 정확해야 볼 수 있다.

- **Ex** 네이탈 차트 두 번째 하우스에 ☿(SA)이 들어온다면 내 자신을 위해서 공부를 하거나 정보를 수집할 수 있고, ♅(SA)이 들어온다면 새로운 변화나 그동안 내가 생각하지 못했던 나의 능력이 무엇인지를 생각하고 변화할 수 있다.

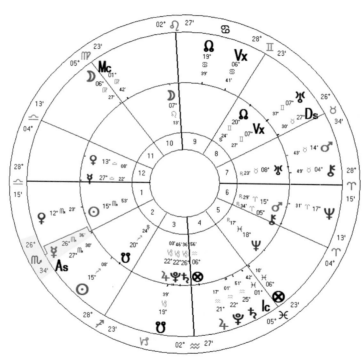

Inner Wheel: Natal_Chart, Outer Wheel: Solar_Arc_Direction_Chart

행성의 여러 의미를 자유자재로 적용할 수 있지만, 태어난 시간이 정확해야 적용할 수 있다. 그리고 Equal, Placidus 등과 같은 하우스 시스템에 따라 달라질 수 있다(Whole 사인의 하우스는 모두 0°에서 시작하고 동유럽인들이 주로 사용한다. 그리고 Equal 하우스 시스템은 주로 영국인들이 사용한다. 본인에게 맞는 하우스 시스템을 찾아보는 것은 좋으나 상황에 따라 하우스 시스템을 바꿔가며 사용하면 안 된다).

> 8. 솔라 아크 차트에서 행성이 14°~16°에 있을 때는 행성이 위치한 사인의 영향을 받아 에너지를 활발하게 발휘한다. 해당 사인의 영향력이 너무 강해서 문제가 생길 수도 있다.

지나친 것은 모자란 것만 못하다는 말처럼 사인의 에너지가 너무 지나치게 과해서 문제가 생길 수 있다. 행성, 앵글 모두 다 해당한다. 만약에 Ds(SA)가 천칭자리 14°25′라고 하면 관계에서 상대방을 너무 생각해서 문제가 생길 수 있다.

Inner Wheel: Natal_Chart, Outer Wheel: Solar_Arc_Direction_Chart

- **Ex** ♀(SA)이 쌍둥이자리 14°에 위치한다면, 매우 다양한 다른 사람들과 만남을 가지거나 늘 새로운 만남을 찾아다닐 수 있다. 또한 돈에 대해 너무 다양한 정보 및 관심을 가져서 돈 관리에 필요한 집중력과 꾸준함에 문제가 생길 수 있어 현실적인 문제를 만들 수도 있다.

---

9. 트랜짓 Transit**, 솔라 아크**Solar Arc**, 프로그레션**Progression**. 이 세 가지를 섞어서 봐라.**

트랜짓Transit이 주요한 테크닉이지만 때에 따라서는 트랜짓으로 안 보이는 일들이 다른 테크닉으로 보이기도 한다. 트랜짓에서 ♅(T) ♂ ♀(N)이고 솔라 아크에서 ♀(SA) □ ♄(N)면, 이 기간에는 ♀이 두 배로 엄청난 에너지를 받고 있어서 ♀과 관련된 일에 대해 생각해 보기 좋다.

여기에 프로그레션에서 첫 번째 하우스에 ☾(P) 있고 달이 상현달First Quarter이면, 트랜짓인 ♅(T) ♂ ♀(N)이 메인이고, 프로그레션은 내면의 상태라 행동하고 싶은 마음이 강하기 때문에 그동안 사귀던 사람과 연인관계를 정리하고 결혼을 추진할 수도 있다.

솔라 아크를 실제로 적용하려면 먼저 트랜짓 기법에 완전히 익숙해져야 한다. 그렇지 않으면 두 테크닉이 섞여서 혼란만 가중하게 된다.

솔라 아크 적용 예시 1

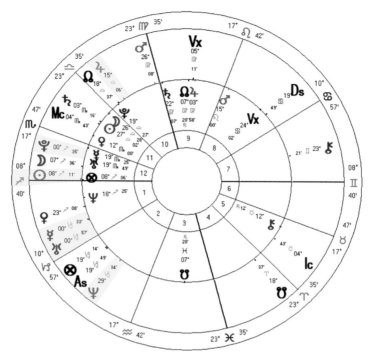

Inner Wheel: Natal_Chart, Outer Wheel: Solar_Arc_Direction_Chart

이 차트를 살펴보고 눈에 띄는 점들을 정리해 보면 아래와 같다.

1. $\odot_{(SA)}$ σ $As_{(N)}$

($\odot_{(SA)}$ · ♐ · 8°11′ · 12th House & $As_{(N)}$ · ♐ · 8°40′ → 각도 차이가 ±30′ 이내)

2. $\Psi_{(SA)}$ · ♑ · 29°34′

3. $\Psi_{(SA)}$ · ♐ · 0°35′

   $\mathbf{\overline{Q}}_{(SA)}$ · ♑ · 0°33′

   $\mathbf{\mathring{H}}_{(SA)}$ · ♑ · 0°57′

4. $\mathbf{4}_{(SA)}$ · ♎ · 15°06′ · 10th House

주인공은 인쇄·출판업을 하시는 부모님께 오랫동안 디자인 및 다른 업무를 배우며 함께 업체를 운영하고 있다. 이즈음에 부모님이 사업을 주인공에게 완전히 물려주시고 은퇴를 하신다는 말이 나오고 있다고 한다. 전부터 본인의 손으로 운영하고 싶던 맘이 컸던 분으로 어떻게 될지 궁금해서 찾아오셨다.

먼저 ☉(SA)이 12번째 하우스에서 As(N)과 ☌을 맺고 있어서 다음 해면 첫 번째 하우스로 태양이 넘어가게 된다. 태양이 첫 번째 하우스로 넘어오면서 새로운 나로 자신이 하이라이트를 받게 된다. 하는 일에서 본인이 주인공이 될 수 있다.

해당 년도에는 일, 책임자, 권위자를 뜻하는 염소자리가 뜻하는 바가 크다.

♆(SA)은 29°로 지금까지 배우고 인수인계 해오던 업무를 잘 갈무리하고, ☿(SA)과 ♅(SA)이 0°로 새로운 시작, 기회라는 의미가 부여되어 업체 사장님으로 새 출발을 하는 의미가 있다. 또한, ♇(SA)도 사수자리 0°라 같은 의미가 있다.

천칭자리에 ♃(SA)이 10번째 하우스에 15°로 있어서 사업을 물려받아 거래처 확장 및 내 손으로 사업을 크게 확장할 꿈을 꾸며 매우 열심히 할 듯 보인다. 하지만 ♃의 확장으로 핑크빛 꿈에 부풀어 무리한 확장을 했다간 어려움을 겪게 될 수도 있으니 사업을 운영할 때 지금 하는 일이 순서에 맞는지, 현실적으로 맞는 일인지 꼼꼼하게 세부적인 사항을 확인하며 일을 진행해야 한다. 이 점을 늘 염두하고 사업체를 운영하면 무리 없이 부모님으로부터 사업을 물려받아 운영할 수 있어 보인다.

현재 주인공은 어엿한 사장님으로 업체를 잘 운영하고 있다.

솔라 아크 적용 예시 2

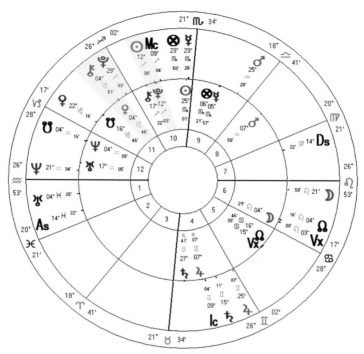

Inner Wheel: Natal_Chart, Outer Wheel: Solar_Arc_Direction_Chart

이 차트를 살펴보고 눈에 띄는 점들을 정리해 보면 아래와 같다.

1. ☉(SA) ♂ ♇(N)

   (☉(SA) · ♐ · 12°30′ & ♇(N) · ♐ · 12°03′ → 각도 차이가 ±30′ 이내)

2. ⚷(SA) ♂ ♀(N)

   ⚷(⚷(SA) · ♑ · 4°51′ & ♀(N) · ♑·4°46′, → 각도 차이가 ±30′ 이내)

3. ♇(SA) · ♐ · 29°33′

주인공의 ♇(SA)이 29°인 것을 보니 어떤 일이 종료될 것을 짐작할 수 있다. 사인이 사수자리이고 주인공의 신분이 학생이라는 점을 고려하려 학문이 끝날 수도 있겠다고 생각하게 된다.

게다가 ☉(SA)도 사수자리에서 ♇(N)과 ♂을 맺고 있어서 종료, 끝 그리고 재탄생한다는 의미가 강하다. 긍정적인 의미로 학업을 마치는 졸업이나 학위를 수여 할 수도 있지만, 불행히도 한창 대입 시험 준비로 바쁜 시기에 학교에서 퇴학을 맞게 되었다. 그래서 학생의 신분이어야 할 나이에 일반인의 신분으로 바뀌게 되었다.

학교에서 퇴학을 맞게 됨에 따라 ☿(SA) ♂ ♀(N)처럼 사제관계 및 친구 관계(선생님과 친구들)에서 상처를 받아 한동안 어두운 아웃사이더로 시간을 보내게 되었다.

지금까지 배운 다양한 기법을 활용한 예시

트랜짓^{Transit}, 세컨더리 프로그레션^{Secondary Progression}, 솔라 아크^{Solar Arc Direction}, 솔라 리턴^{Solar Return}을 섞어 간단하게 보자.

가장 중요한 트랜짓을 먼저 살펴본다.

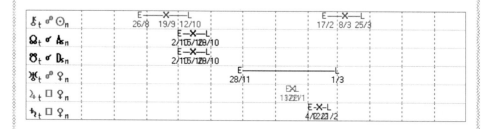

트랜짓을 살펴보고 눈에 띄는 점들을 정리해 보면 아래와 같다.

1. $\text{♄}_{(T)}$ ☍ $\text{☉}_{(N)}$
2. $\text{☊}_{(T)}$ ☌ $\text{As}_{(N)}$, $\text{☋}_{(T)}$ ☌ $\text{Ds}_{(N)}$
3. $\text{♅}_{(T)}$ ☍ $\text{♀}_{(N)}$, $\text{♃}_{(T)}$ □ $\text{♀}_{(N)}$, $\text{♄}_{(T)}$ □ $\text{♀}_{(N)}$

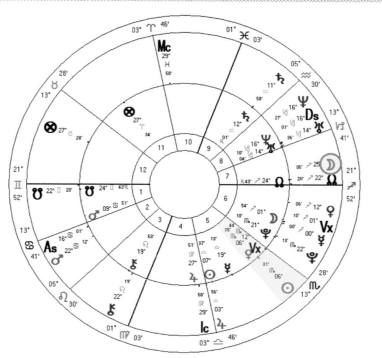

Inner Wheel: Natal_Chart, Outer Wheel: Secondary_Progression_Chart

세컨더리 프로그레션 차트를 살펴보고 눈에 띄는 점들을 정리해 보면 아래와 같다.

1. ☽(P)이 7번째 하우스에 위치
2. ☉(P) ♂ ♀(N)

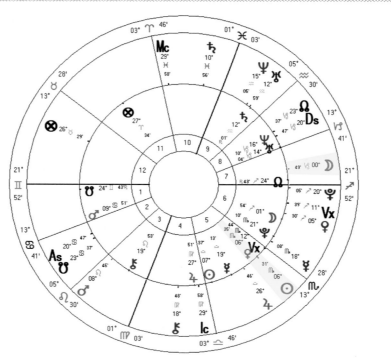

Inner Wheel: Natal_Chart, Outer Wheel: Solar_Arc_Direction_Chart

솔라 아크 다이렉트 차트를 살펴보고 눈에 띄는 점들을 정리해 보면 아래와 같다.

1. $☽_{(SA)} \cdot ♑ \cdot 0°49'$
2. $☉_{(SA)} \, ♂ \, ♀_{(N)}$

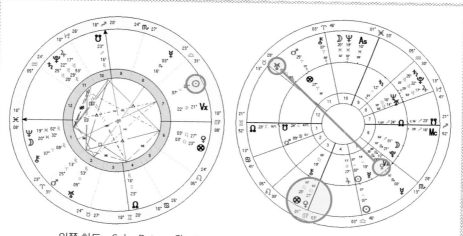

왼쪽 차트 - Solar_Return_Chart

오른쪽 차트 - Inner Wheel: Natal_Chart, Outer Wheel: Solar_Return_Chart

솔라리턴 리턴 차트를 살펴보고 눈에 띄는 점들을 정리해 보면 아래와 같다.

1. 솔라리턴 차트만 보면
   (1) ☉(SR)이 7번째 하우스에 위치
   (2) 차트의 원소와 모드를 계산해보면 Water와 Mutable이 상당히 높은 비중을 차지함

2. 솔라리턴 차트와 네이탈 차트를 합쳐서 보면
   (1) ♀(SR) ☌ Ic(N)
   (2) ♅(SR) ☍ ♀(N)

위의 내용을 보면 공통으로 반복되어 나오는 내용이 눈에 보일 것이다.

어느 기법으로 보나 유독 금성과 7번째 하우스가 중요하다는 것을 알 수 있다. 7번째 하우스와 금성은 관계를 의미하고 금성은 비너스로 사랑의 여신으로 대표되는 아프로디테다.

또 달은 감정을 의미한다.

차트의 주인공은 운명의 상대를 만난 것 같다며 상대방이 운명의 상대인지를 알고 싶어 했다. 차트를 보면 볼수록 왜 주인공이 그런 생각을 했는지 이해할 수 있었다.

먼저 ⚷(T)이 태양에 영향을 주어 혼자 남겨진 듯한 소외감을 느낄 수 있으며 노드의 영향으로 나에게 깊은 인상을 남기는 사람을 만나거나 반대로 내가 다른 사람에게 깊은 인상을 남길 수도 있다.

♀(N)이 ♅(T), ♃(T), ♄(T)의 에너지를 T-Square로 강하게 영향을 받아 어느 날 갑자기 예상치 못한 만남으로 관계가 확장되나 진지한 만남으로 유지할 수 있는지 생각해 볼 수 있다.

그리고 ☽(P)과 ☉(SR)이 7번째 하우스에 자리를 잡고 있다.

☽(P)도 관계의 영역에 있고, ☉(SR)도 관계의 영역에 머물고 있다.

각 기법에서 기준이 되는 행성들이 동일하게 관계를 뜻하는 곳에 놓여있다는 것은 관계가 중요하다는 의미가 된다.

또한 그해의 이슈를 엿볼 수 있는 솔라리턴 차트의 원소와 모드를 계산해보면 Water와 Mutable이 가장 비중이 높아 이번 해에는 주인공의 감정적이고 부드러운 면을 경험해 볼 수 있는 해가 되기도 한다.

그리고 ☉(P) ☌ ♀(N), ☉(SA) ☌ ♀(N)으로 솔라 아크의 태양과 프로그레스드 태양이 금성을 강조해주고 있다. 즉 사랑과 관계를 부각되게 해주고 있다(여기서 눈치챌 수 있겠지만, 솔라 아크의 태양과 프로그레스드의 태양은 움직임이 같다).

☽(SA)도 새로운 사인인 ♑로 진입하여 진지한 관계로 시작할 기회로 긍정적으로 사용하면 좋을 것 같다. 트랜짓에서도 금성이 염소자리의 룰러인 토성과 □스퀘어를 맺고 있어 이 내용은 좀 더 비중있게 볼 수 있다.

♀(SR)은 Ic(N)에 ☌을 맺어 해당 년도에 긍정적으로 사용하면 좋은 에너지가 된다. 여기서도 사랑의 비너스가 등장한다.

그리고 ♅(SR) ☌ ♀(N)으로 보아 어느 날 갑자기 예상치 못한 곳에서 또는 예상치 못한 사람과 이 관계가 시작되었다는 것을 짐작할 수 있었다. 트랜짓에서도 같은 에너지를 볼 수 있다(솔라리턴은 트랜짓을 반영한다).

그러면 주인공이 생각하는 것처럼 그 사람이 운명의 짝일까?

여기까지 보면 '주인공은 운명적인 반쪽을 만나 핑크빛 연애를 하고 행복하게 살았습니다'의 결말을 예상할 거라고 생각할 수 있다.

하지만 안타깝게도 그렇지 않다.

주인공은 당연히 그렇게 생각하고 느꼈을 수 있지만, 지금까지 살펴본 차트들은 주인공의 차트들이지 상대방의 차트는 아니기 때문이다.

지금까지 보여준 차트들 속에는 상대방의 차트가 하나도 없었다.

즉 상대방은 어떤 생각을 가지고 있는지 나에 대해 어떤 감정이 있는지 알 수 없다는 것이다. 상대방은 나와 다르게 생각하고 느낄 수 있다.

이런 이유로 한쪽 차트만 보고는 내 운명의 짝을 만났는지 알 수 없다.

나는 운명의 짝이라고 생각했는데 상대방은 그렇지 않다면 진정한 운명이라 말할 수 있을까?

5장

일렉션
(Election)

1. 일렉션(Election)

택일이라는 말을 한 번도 들어 본 적이 없는 사람이라도 '이사는 손없는 날에 한다'라는 말은 들어봤을 것이다. 손없는 날도 여러 택일 중 하나다. 이사뿐만이 아니라 살다보면 결혼, 개업, 계약하는 날, 수술 등 많은 일들을 경험하게 되고, 이런 크고 작은 일들을 앞두고 좋은 날을 골라서 하고 싶어하는 분들도 많다. 이런 마음을 반영하여 좋은 날을 고르는 일이 바로 택일[Election]이다.

어떠한 일을 시작하고자 선택한 날은 그 일의 출생차트가 된다. 특히 그날은 내가 인위적으로 선택하므로 As와 달이 매우 중요한 요소가 된다.

그렇지만 에너지 흐름이 좋은 날을 택하였다고 그 일이 성공적으로 된다는 의미는 아니다. 다만 좋은 에너지 영향을 받는 날을 선택한 것이므로 심리적인 안정감을 줄 수 있기 때문에 이때 나만의 기념식을 가지면 좋다.

2. 택일하는 법(Uni-Wheel)

일단, 택일은 '내가 무엇을 할 것인지'를 우선적으로 생각해야 한다.

이 주제에 충실한 택일을 하기 때문이다.

1. As^{상승점}의 사인, 룰러의 하우스 위치, 각도가 가장 중요하다.

보통 As의 사인을 픽스드^{Fixed} 사인인 황소자리, 사자자리, 염소자리와 천칭자리를 주로 택한다. 픽스드 사인으로 잡는 이유는 대부분의 일이 꾸준하고 안정적이길 원하기 때문이다.

이러한 이유로 픽스드 사인을 많이 선호하지만 '내가 어떤 이유로 택일을 하는가?'가 중요하므로 그 의미에 맞게 As를 잡는 것이 좋다.

예를 들어 스포츠 용품을 파는 가게를 운영하려 할 경우, 불 사인의 As도 고려할 수 있고 감정과 정신적인 영역이 중요한 일의 경우에는 물 사인의 As도 고려할 수 있다. 또 유행을 심하게 타서 한번 크게 버는 사업을 하려고 한다면 그에 맞게 As를 정하면 된다. 따라서, As는 매우 유연하게 정해진다.

- **Ex** 식당을 오픈한다면 어떤 식당을 할 것 인지를 생각하여 다음 예시처럼 **As** 를 정해볼 수 있다.
  - ♉황소자리는 안정적이고 친숙하고 안정된 식당이거나 자연친화적인 식당
  - ♌사자자리는 화려하고 고급스러운 식당
  - ♒물병자리는 대중적인 식당
  - ♋게자리는 가족 중심 식당, 전통적인 식당(한정식) 등

그리고 내 **As**와 ✶, △되는 사인으로 택일 **As**를 고르는 방법도 있다.

- **Ex** 내 **As**가 ♈일 때, △이면 ♌거나 ♐를 선택할 수 있고 ✶이면 ♊거나 ♒를 선택할 수 있다.

룰러의 하우스 위치는 택일 목적의 성격을 고려하여 정한다.

사업의 경우 10번째 하우스, 결혼은 7번째 하우스에 위치하는 것이 좋다.

그리고 룰러가 ✶, △과 같은 소프트한 각도를 맺는 것이 좋고 룰러와 비슷한 성향의 행성과의 ♂도 나쁘지 않다.

그리고 **As**의 룰러가 다른 행성들과 ☐각을 맺거나 무각이거나 역행하고 있다면 제외한다. 어쩔 수 없이 역행하고 있다고 하더라도 멈춰있는 스테이션^{Station} 상태일 때는 무조건 피한다.

> ## 2. ☽달의 사인, 하우스 위치, 각도를 고려한다.

☽의 보이드(void)[14] 시간대를 피한다. ☽의 하우스 위치는 나의 목적과 부합하는 위치가 좋으며, 특히 ☽과 성질이 다른 행성들과의 힘든 각도(☌, ☍, □)는 피한다.

또한, As의 도수와 달의 도수를 같게 맞추는 방법도 있다. (하우스, 사인은 상관 없다.)

- Ex As의 도수가 ♌ · 4°라면 ☽의 하우스와 사인은 생각하지 않고 도수만 4° 로 맞춰주면 좋다.

> ## 3. Moon Phase달의 위상를 고려한다.

- Ex 새로운 사업을 시작하는 경우에는 달이 차서 보름달로 가는 기간이 좋고, 기존에 했던 일을 다시 시작하는 경우에는 달이 보름달에서 기우는 기간이 좋을 수 있다. 그리고 만일 교육 사업이면 상현망Gibbous일 때가 좋고, 스포츠 사업이면 상현달First Quarter일 때가 좋을 수 있다.

그리고 택일하려는 사람의 네이탈 차트의 Moon Phase와 비슷해도 괜찮다.

---

14 The Void of Course Moon: 달의 사인이 바뀌기 전 중요 각도(☌컨정선, ☍어포지션, □스퀘어, △트라인, ✳섹스타일)를 맺지 않는 상태를 말한다.

4. 내가 시작하려는 일과 관계된 내행성의 각도와 하우스 위치를 고려한다.

만일 장사, 커뮤니케이션, 정보 등이 중요한 일이면 ☿을 고려한다.

그리고 관계, 미용, 예술적 요소가 중요하면 ♀을 중요하게 생각한다.

내가 중심이고 나의 개인적 능력 또는 자아가 중요하면 태양을 고려해야 한다.

3. 네이탈 차트와 택일한 차트를 함께 보는 방법(Bi-Wheel)

> 1. 네이탈 차트와 택일한 날을 비교(Bi-Wheel)하여 택일한 날의 As 룰러가 위치하는 하우스와 룰러가 맺고 있는 각도를 살펴봅니다. (Orb 1°)

만일 As(E)[15]의 룰러가 네이탈 차트의 ♄과 □를 맺고 있으면 ♄이 의미하는 영향을 고려하여 내가 할 수 있는 일과 없는 일을 구분지어 본다거나 일을 진행하는 과정에서 지연을 예상해 볼 수도 있다. 여기서 As(E) 룰러가 힘든 각(☌, ☍, □)을 맺는다고 해서 날짜를 바꾸면 안되고 힘든 각이 주는 의미를 고려하면 된다.

- **Ex** As(E)의 룰러가 ♀인데, ♀(E)[16] □♄(N)라고 날짜를 바꾸면 안 된다. 그럼 날짜 못 잡는다. 이럴 때는 이때 시작을 하더라도 이 사업은 ♄이 주는 의미를 고려하여 일의 지연이 있을 수 있으니 조급하게 생각하지 말고 꾸준히 하려는 생각을 해보는 것이 좋고 만약에 ♆이라면 사업을 너무 현실감 없이 운영하는 것을 조심하는 게 좋다.

그리고 택일 차트의 As가 네이탈 차트의 3번째 하우스에 위치한다면 커뮤니케이션이 엄청 중요하다고 생각하면 된다.

---

15 As(E) ‑ (E)는 Election의 표식으로 택일 차트의 As을 뜻한다.

16 ♀(E) ‑ (E)는 Election의 표식으로 택일 차트의 금성을 뜻한다.

> 2. 택일 차트의 ☽(달)이 네이탈 차트에서 위치한 하우스와 각도를 고려한다.
>   (Orb 1°)

As와 마찬가지로 ☽(E)이 네이탈 차트의 다른 행성과 각도를 맺으면 그 행성의 에너지를 인식하고 긍정적으로 사용하는 것이 좋다. 네이탈 차트의 달과 택일한 차트의 달이 맺는 각도가 ✶, △, ♂, ☍은 괜찮으나 □는 무조건 피해야 한다.

택일 예시 1

A는 아직 잘 알려지지 않은 점성학에 관한 정보를 체계적으로 정리해서 많은 사람들에게 알리는 블로그를 오픈하려고 한다. 먼저, 블로그 오픈 일을 택일해보자.

체계적으로(♍) 점성학에 관한 정보(♊, ☿)를 전달하려는 블로그(☿)의 목적에 맞게 As를 정하고 As의 룰러를 살펴본다. 블로그는 사람들과의 소통이라는 의미도 강하기 때문에 ☿을 매우 중요하게 여긴다.

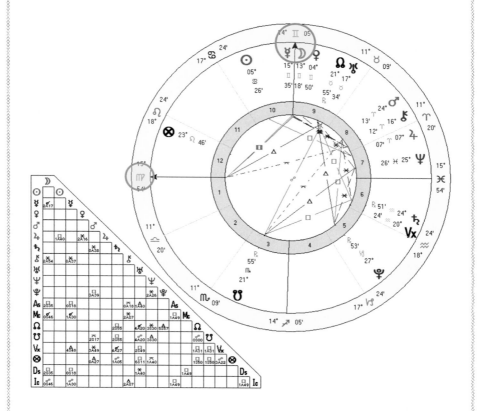

많은 사람들에게는 아직 생소한 점성학을 사회적으로 널리 알리기 위한 목적도 있으므로 하우스의 위치는 10번째 하우스로 정했다.

달의 사인은 ♊이고 9번째 하우스이며 MC와 ♂되었다.

달과 수성은 서로 ♂이고 각각 카이런과 ✶을 맺고 있다.

카이런은 점성학과도 잘 어울리는 행성인데 수성과 달과 ✶로 조화로운 각도까지 맺고 있어 더욱 좋다.

Moon Phase는 그믐달^{Balsamic}로 정리하고 공부하기에도 좋은 때이기도 하고, A의 네이탈 차트도 같은 그믐달^{Balsamic}이다.

따라서 이때 블로그를 오픈하기에 에너지 흐름이 좋은 날로 보인다.

다음은 네이탈 차트와 택일한 차트를 함께 보자.(Bi-Wheel)

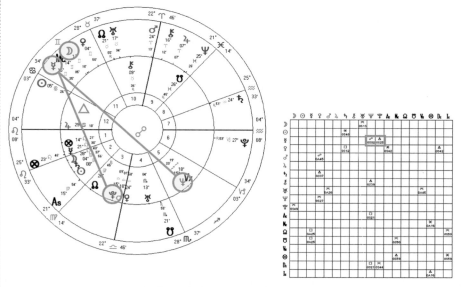

Inner Wheel: Natal_Chart, Outer Wheel: Election_Chart

택일한 차트의 As가 ♍였고 ♍의 룰러는 ☿이다.

Bi-Wheel에서 ♍의 룰러인 ☿을 찾아보면 11번째 하우스에 위치한 것을 알 수 있다. 11번째 하우스는 대중을 뜻하므로 블로그를 운영하려는 목적과 잘 맞는다.

또한 룰러인 ♀이 점성학과 어울리는 ♆, ♇과 각도를 맺고 있어서 택일의 좋은 조건을 갖추고 있다고 보인다.

달이 11번째 하우스(대중)에 하이라이트 되어 있고 네이탈 차트의 어떤 행성과도 각도를 맺고 있지 않지만, 블로그는 정보 전달이 목적이지 감정적인 글을 쓰려는 목적이 아니므로 상관없다.

따라서, 이때 블로그를 오픈한다면 A의 목적 달성이 될 수 있는 에너지의 영향을 받는 날이 되므로 심리적인 안정감을 줄 수 있다.

택일 예시 2

B는 두 아이를 둔 단란한 가족의 가장이다.

미혼 시절에는 해외여행을 자주 다녔지만, 결혼 후 가족을 책임지는 부담감에 해외여행을 하지 못했다. 언제나 온 가족이 해외 풀빌라에서 맛있는 음식을 먹고 마사지 받고 수영장에서 아이고 즐겁게 노는 시간을 꿈꾸고 있다.

이 가족이 해외여행을 하기 좋은 날을 택일해보자.

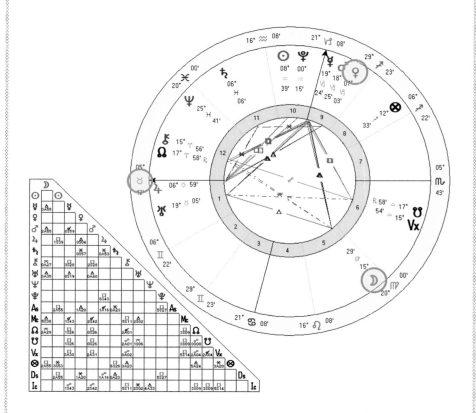

일단 여행의 목적이 해외 문화 탐방이 아니다.

느긋하고 여유 있는 가족 간의 추억을 만들고, 그 나라의 맛있는 음식을 먹고, 휴식을 취하며 재충전하는 휴가의 의미가 강하다.

그래서 As(E)를 ♉로 선택하였고, ♉의 룰러는 ♀이다.

♀이 9번째 하우스에 위치하여 해외여행에 좋은 의미를 부여하게 하였고 ☽을 5번째 하우스에 놓아 아이들과 즐겁게 지내기에 좋다.

☽(E)은 ♍에 위치해서 아이들을 꼼꼼히 신경 쓸 수 있어 보인다.

또한 As(E)에 ♃이 ♂되어 해외여행을 하기 더욱더 좋은 날로 볼 수 있다.

각도를 보면 ♀이 ♃, ♄과 조화로운 각도를 맺고 있고(♀△♃, ♀✶♄), ☽ 또한 ☿, ♂, ♅과 △을 맺으며 그랜드 트라인까지 형성하고 있어 여행 가기에 좋은 날로 보인다.

그리고 ☽이 ☊과 ⚻를 맺고 있으나 ☊에는 해외라는 의미도 있고 위에서 기술한 다른 각도에 비해 영향력이 약하므로 크게 신경 쓰지 않아도 된다.

Moon Phase는 보름달^{Full Moon}로 활동을 하기 알맞은 날이다.

따라서 이때 가족 해외여행을 가기에 에너지 흐름이 좋은 날로 보인다.

다음은 네이탈 차트와 택일한 차트를 함께 보자.(Bi-Wheel)

택일한 차트의 $As_{(E)}$가 ♉황소자리였고 ♉의 룰러는 ♀금성이다.
Bi-Wheel에서 ♉황소자리의 룰러인 ♀금성을 찾아보면 7번째 하우스에 위치해 있고
$Ds_{(N)}$에 ♂컨정션되어 있다는 걸 알 수 있다. 7번째 하우스가 의미하는 관계와 여행
목적이 잘 어울린다.

룰러인 ♀$_{(E)}$과 ☽$_{(E)}$이 네이탈 차트의 다른 행성과 어떠한 각도 맺고 있지 않다.

하지만 달이 4번째 하우스(가정)에 하이라이트 되어 있고 $Ic_{(N)}$와 ♂컨정션되어 있어
가족 여행이라는 의미에 적절하다 볼 수 있다.

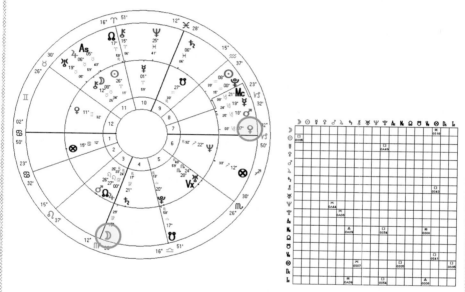

Inner Wheel: Natal_Chart, Outer Wheel: Election_Chart

다만, 택일한 차트의 ☿수성과 네이탈 차트의 ♇명왕성이 스퀘어를 맺고 있으므로
(☿$_{(E)}$ □♇$_{(N)}$) 숙소를 예약한다거나 비행기 티켓을 구매할 때 사기당하지 않게 꼼
꼼히 신경 쓰면 좋을 것 같다.

따라서, 이때 가족 해외여행을 간다면 B가 꿈꾸던 여행이 될 수 있는 에너지의 영
향을 받는 날이 되므로 심리적인 안정감을 줄 수 있다.

유명인들의
사례

1984년 마돈나Madonna

트랜짓^{Transit}, **세컨더리 프로그레션**^{Secondary Progression}, **솔라아크 디렉션**^{Solar Arc direction}

1884년 11월 마돈나는 두 번째 정규앨범 『Like A Virgin』을 발매한다.

참고 내용(구글 발췌)

마돈나의 두 번째 정규 앨범으로, 역사에 남을 엄청난 성공을 거두며 마돈나를 최고의 스타로 만들어 준 전설적인 앨범이다. Boy Toy 벨트를 찬 마돈나를 따라 하는 마돈나 워너비들을 만들어 내기 시작한 시기이다. 이 앨범을 통해 마돈나는 최고의 전성기를 달리며 전설의 자리에 올라가게 되지만 여전히 보수적인 계층에 선 마돈나와 마돈나의 음악을 좋지 않게 보던 시기이기도 하다.

발매 초기엔 상업적인 가사와 멜로디로 음악성 면에선 별 볼 일 없는 앨범으로 평가 당했지만, 시간이 흐르며 굉장한 수작으로 재평가되었다. 그녀의 1집 Madonna와 비슷하다. 음악 자체로 호평받기보단, 1980년대 시대상의 금기에 정면으로 맞서 문화적인 센세이션을 일으킨 것에 대해 초점이 맞추어져 있다.

이 앨범의 대표곡은 다음과 같다.

Material Girl(물질적 여자)

마돈나의 별명 '물질적인 여자(material girl)'의 기원이 된 곡. 말 그대로 돈 없는 남자는 차버리고 '캐시와 신용카드를 아끼지 않는' 남자만을 고른다는 내용. 뮤직비디오는 신사는 '금발을 좋아해'에서 나온 남성들의 이중성을 비판하는 내용의 마릴린 먼로의 Diamonds Are a Girl's Best Friend 퍼포먼스를 오마주하였다. 사랑에 회의적이며 물질적인 추구만이 삶에 이득이라는 가사다.

Like A Virgin(처녀처럼)

"가사는 말 그대로 '처녀처럼' 사랑에 빠진다는 내용. 이후로 마돈나가 두고두고 논란을 일으키는 중의적인 표현의 대표적인 예이다. 남자들은 '당신과의 섹스는 마치 내가 처녀가 된 것 같다'고 느끼게 한다는 내용으로 받아들였고 여자들은 '나를 처녀처럼 느끼게 만들어 줄 남자를 찾았다'고 이해했다. 특히 몸이 아닌 마음의 순결에 대해 다룬다는 점에서 여성해방에 있어 중요한 지점으로 기록된다."

1984년 마돈나의 트랜짓^{Transit}을 살펴보자.

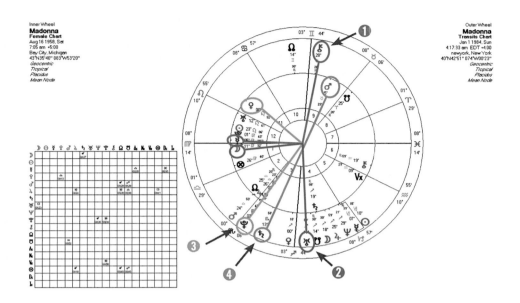

1) ♯_(TR) ♂ Mc_(N): 1984년 5월 ~ 1985년 3월, ♯_(TR) □ ☿_(N): 1984 년 1월 ~ 1985년 1월

♯_(TR)의 긍정적인 영향력은 남과 다른 관점과 아이디어, 치유자, 멘토, 소외된 사람들의 대변인 역할 등의 의미가 있고 부정적인 영향력은 권리박탈, 상처, 아웃사이더 등이 있다.

♯_(TR)은 네이탈 Mc와 컨정션(♂)을 이루고 있고 네이탈 ☿(♍)과 스퀘어(□)를 이루고 있다. 마돈나는 기존 가수들과 다른 컨셉으로 세상을 놀라게 하였던 것 같다. 이 앨범의 곡들은 굉장히 파격적인 주제를 다루고 있었고 의상 역시 그러하였다. MTV에서의 마돈나 공연은 최고의 공연으로 지금까지 회자가 되고 있다.

마돈나는 당시 금기시된 주제들을 과감히 다루었다. 보수적이고 도덕적인 뒷

면에 숨겨진 사람들의 솔직한 마음을 표현하였다. 여성, 동성 연애자 등 그 당시 사회적 약자의 대변인 역할을 하였다고 생각한다.

교회와 갈등이 있었고 음악적인 면으로 인정받지 못하는 경향도 있었다.

2) ♅(TR) □ ☽(N): 1984년 1월 ~ 1984년 11월

♅(TR)은 과거의 관습과 구습을 깨트리고 자유와 평등을 추구하며 나만의 독창성을 표현하고 싶은 에너지다.

네이탈 차트에서 ☽(♍)은 As와 ♂을 이루고 있다. 마돈나는 감정의 표현과 안전감이 인생을 살아나가는 데에 매우 중요할 수 있지만 처녀자리이기에 감정과 니즈Needs를 표출하는데 소극적일 수 있다. ♅(TR)은 자신의 감정과 니즈를 표현하고 위험을 감수하고 새로운 도전을 할 수 있는 계기를 만들어 주었을 수 있다.

마돈나의 출현은 신선한 충격이었다. 그녀는 새로운 문화를 주도하는 아이콘이었고 자유와 평등에 대한 주제의 곡들을 많이 발표하게 된다.

보수적인 성향들의 사람들과 어린 자녀를 둔 부모들에게는 달갑지 않은 존재였다.

우연일지 모르겠지만 ♅(TR)이 ☽(N)과 스퀘어(□) 각도를 벗어나는 마지막 날(11월 14일)과 앨범 출시일이 동일하였다.

3) ♇(TR) □ ♀(N): 1984년 3월 ~ 1984년 10월

네이탈 차트에서 마돈나의 ♀(♌)은 ♆, ♃와 스퀘어(□), ☋, ☊와 스퀘어(□)를 이루고 있다.

♆은 ♀의 한 단계 위의 에너지다. ♆과 ♀이 각을 이루면 '예술적 능력과 미적 감각이 있다'라고 생각할 수 있다. 사자자리는 창의력과 창조력을 의미하

며 ♃은 '금성의 에너지를 확장하는 역할을 한다'라고 생각할 수 있다. 특히 노드와 스퀘어(□) 각도를 이루고 있어 ♀(♌)에너지를 직업적으로 사용하는 것이 좋다.

♇(TR)의 영향력은 금성에너지를 한곳에 집중하고 필요 없는 요소를 과감히 제거하는 역할을 수행한다. 돈과 소유물 또는 관계에서 이슈가 있을 수도 있고 가치관과 취향이 급작스럽게 변할 수도 있다. 마돈나의 경우 카리스마와 성적 매력을 어필하고 금기시되고 터부시되는 이슈를 예술적 형태로 표현한 것 같다. 어쩌면 이때 신뢰하고 믿을 수 있는 사람과 하나가 되고 싶은 열망으로 1985년에 숀 펜(Sean Penn)과 결혼을 하였을 수도 있다.

4) ♄(TR) ☌ ♂(N): 1984년 1월 ~ 1984년 10월

네이탈 ♂(♍)는 ♅, ♷과 T-스퀘어를 이루고 있다. 미래지향적이고 남과 다른 인생의 목표를 세울 수도 있고 남들은 이해하지 못할 별나고 비현실적인 목표를 세웠을 수도 있다. 처녀자리는 화성의 에너지를 현실적이고 생산적인 방법을 동원하여 목표를 성취하게 할 수도 있고 완벽주의로 인한 강박 또는 미래의 불확실성에 대한 두려움으로 인하여 아무것도 실행하지 못할 수도 있다.

♄(TR)은 이 T- 스퀘어에 영향을 주고 있다. 처녀자리 성향이 강해지는 시기라고도 볼 수 있다. 인생의 목표를 성취하기 위해 훈련하고 준비하는 기간이다. 계획을 수정하고 보완하기에도 좋은 시기라고 볼 수 있다. 육체적 에너지를 적절하게 사용하는 법을 배우기도 좋다.

마돈나의 경우 네이탈 ♅, ♷과 트랜짓 ♄의 에너지의 협업이 매우 잘 되었다고 생각된다. 욕구와 충동을 자제하고 목표를 성취하기 위해 인내와 끈기를 갖고 노력하였을 수 있다. 아마도 ♄의 테스트를 통과했기 때문에 좋은 결과

가 나오지 않았나 생각해 본다.

1984년 마돈나의 세컨더리 프로그레션^{Secondary Progression}을 살펴보자.

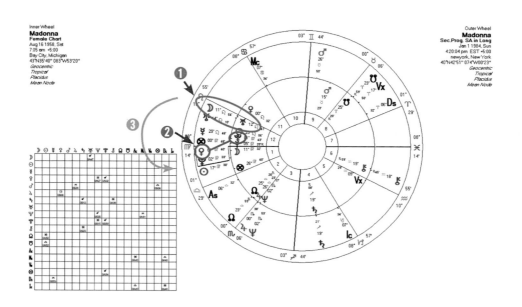

1) $\mathcal{D}_{(PR)}$ ♂ ♅(♌)

12번째 하우스에 위치한 ♅(♌)에 빛을 밝혀주고 있다. ♅이 12번째 하우스
에 위치하여 천왕성 에너지를 인식하지 못하고 사용하지 못하였다면 이 시기
에는 창의력과 상상력을 나만의 방식으로 세상에 발현하기 좋을 수 있다.
자유와 독립의 이슈가 강해질 수 있으며 자신만의 독창성을 찾기에도 좋은
시기일 수 있다. 새로운 종교와 믿음 또는 소외된 사람들의 인권에 관심이 생
길 수도 있다. 소속감 vs 자유, 안전 vs 도전의 갈등이 생길 수도 있다.

트랜짓에서도 ♅(TR)이 네이탈 $\mathcal{D}$과 스퀘어(□) 각을 맺고 있다. 마돈나에게

는 ☽의 이슈가 매우 중요해 보인다.

2) ♀(PR) ☌ ♇(♍)

명왕성의 에너지를 예술적인 형태로 표현하기에 좋은 시기일 수 있다. 매우 극단적이고 파격적인 형태로 표현할 수도 있고 어둡고 금기시된 주제를 표현할 수도 있다. 자신의 카리스마를 표출하여 사람들을 매표시킬 수도 있다. 자신의 숨겨진 열정과 야망을 이해해 줄 수 있는 사람과 관계 맺기를 원할 수도 있고 과거의 상처나 트라우마를 치료해줄 수 있는 사람을 만나기를 원할 수도 있다.

3) 그믐달Balsamic 주기

청소를 하는 기간이다. 더 이상 나에게 필요 없는 것들을 정리하고 미래를 위한 씨앗을 뿌리고 준비하기 좋다. 영적 성장을 위해 공부하고 수행하기도 좋은 기간이다. 상상력과 공상력이 풍부해지는 기간이며 나의 꿈이 무엇인가를 생각해 보기도 좋다. 마돈나의 경우 ☽(PR)이 12번째 하우스에 위치하고 있어 이러한 영향이 두 배로 나타날 수 있다. 자신의 꿈과 상상력을 표현하여 사람들을 환상의 세계로 빠져들게 하였을 수도 있다.

1984년 마돈나의 솔라 아크 디렉션^{Solar Arc Direction}을 살펴보자.

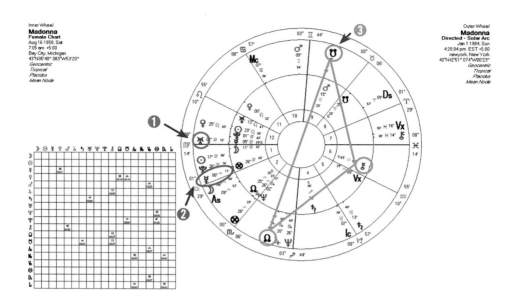

1) ⛢(SA) ☌ As (♍)

세상으로 나아가는 방식에 새로운 인식과 변화가 올 수 있다. 나의 독창성과 개성을 통하여 변화와 혁신을 주도하는 역할을 할 수 있다. 위험을 감수하고 미래로 전진하는 계기가 되는 기간일 수 있으며 나의 이상(Ideal)을 알리기에 도 좋다. 예기치 못한 단절과 만남이 있을 수 있고 주변 사람들과 환경의 급 작스러운 변화가 생길 수도 있다. 충동적이고 급한 성향으로 사건, 사고가 일 어날 수도 있다.

2) 솔라 아크 ☿천칭자리 0도 진입

☿(SA)는 천칭자리 에너지의 영향력을 긍정적으로 쓸 수 있는 시기이다. 자신의 생각과 아이디어를 아름답고 우아하게 표현하기 좋고 예술적인 형태(디자

인, 그림)로 표현하기에도 좋다. 많은 사람과 조화롭게 소통하기에도 좋은 시기다.

☿(SA)의 천칭자리 0도 진입은 자신의 목소리를 아름답고 우아하게 낼 수 있는 기회의 시간일 수 있다. 가수 마돈나에게는 매우 긍정적인 사인으로 진입하였다고 생각한다.

네이탈 ♃(♎)역시 새로운 기회의 시간일 수 있다. 자신의 믿음과 신념을 사회에 전파하고 다양한 사람들과 관계를 맺기에도 좋다. 선생님, 선교사, 멘토의 역할을 수행하기에도 좋다.

마돈나의 경우 목성이 2번째 하우스에 위치하고 있어 돈과 소유물을 확장시킬 수 있는 기회가 올 수 있다.

3) 솔라 아크 ☊, ☊ □ ⚷(♓)

⚷(♓)의 에너지를 직업적으로 사용하기 좋은 시기이다. 트랜짓에서도 ⚷은 네이탈 Mc에 영향을 주고 있다. ♅과 마찬가지로 ⚷의 영향력은 마돈나에게 매우 중요한 이슈였을 것으로 생각한다.

Check Point

1984년 마돈나의 트랜짓, 세컨더리 프로그레션, 솔라 아크에서 ♅과 ⚷의 영향력이 강하게 나타나는 것을 볼 수 있다. 아마도 마돈나의 인생에서 가장 드라마틱한 해였을 지도 모른다. 마돈나가 ♅과 ⚷의 에너지를 인식하고 사용하였는지 아니면 우연의 일치일지는 모르겠지만 ♅과 ⚷의 영향력을 어떻게 긍정적으로 사용할 수 있는지를 보여주는 경우인 듯하다. 해외 유명인들의 차트를 해석하고 그들의 전기를 읽어보면 현대 점성학 기법으로 미래를 예언하고 맞히는 것이 얼마나 무모한 짓인지를 알 수 있다. 마돈나의 경우 흔히 말하는 힘든 행성들이 힘든 각도를 맺고 있었지만, 인생의 정점을 찍었다.

2016년 도널드 트럼프Donald Trump

트랜짓^{Transit}, **세컨더리 프로그레션**^{Secondary Progression}, **솔라 아크 디렉션**^{Solar Arc Direction}

<u>(구글 발췌)</u>

미국의 제45대 대통령.

대통령 이전에는 베스트셀러 작가, TV 쇼 진행자, 영화 출연 등으로 미국민들에게 인지도 높은 유명인이었으며, 상당한 부동산 재벌임과 동시에 말 그대로 미국 상류층, 그중에서도 여피족 라이프의 전형이었다.

미국 역사상 두 번째 최고령으로 취임한 대통령이자 역대 미국 대통령 중 부동산을 포함해 가장 보유 재산이 많은 대통령 기록을 보유 중이며 로널드 레이건에 이은 미국 역대 2번째 유명인 출신 대통령이다.

<u>약력</u>

트럼프 기업 前 대표이사 회장

트럼프 엔터테인먼트 리조트 前 대표이사 회장

2017.1. 제45대 미국 대통령

2016년 도널드 트럼프의 트랜짓^{Transit}을 살펴보자.

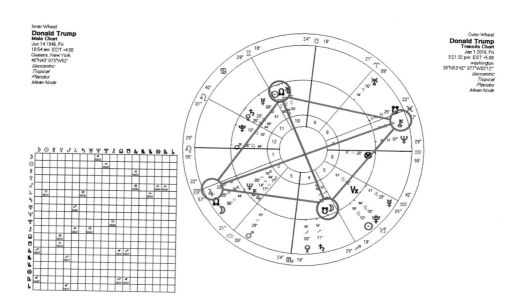

1) ♂(TR) 스퀘어(□) 네이탈 ☉(Ⅱ), ☾(♐): 2016년 2월 ~ 2017년 3월

2) ♃(TR) 스퀘어 (□) 네이탈 ☉(Ⅱ), ☾(♐): 2016년 2월 ~ 2016년 10월

3) ♂(TR), ♃(TR) 스퀘어(□) 네이탈 ☋, ☊: 2016년 2월 ~ 2017년 1월

도널드 트럼프의 경우, 네이탈 ☊ ♂ ☉(Ⅱ) ♂ 네이탈 ☋ ♂ ☾(♐)이다. 그는 보름달 기간^{Full Moon}과 일, 월식^{Eclipse} 기간에 태어났으며 ♅의 영향을 받고 있다. 2016년도에 ♂(TR)과 ♃(TR) 이 두 개의 행성에 스퀘어(□)로 영향을 준다. 즉 <u>그랜드 크로스</u>^{Grand Cross} 각도의 패턴을 이룬다고 볼 수 있다. 이 각도의 패턴은 엄청난 에너지 흐름이다. 많은 도전과 시련이 올 수도 있지만 위대한 성과를 낼 수도 있다.

트럼프는 공화당 역사상 최대 득표를 얻어 후보로 당선되고 총득표수에서는 힐러리 클린턴에게 밀렸으나(♄) 선거인단 격차로 인하여 당선되었다(♃). 미국의 투표방식은 선거인단 투표와 승자 독식 제도를 채택한 독특한 방식이다. 트럼프 네이탈 차트와 트랜짓 행성들의 영향을 고려해보면 아마도 이 투표 방식은 트럼프에게 유리하게 작용하였을 수 있다.

"트럼프는 공화당, 민주당 언론에 지지를 못 받는 아웃사이더"라고 불렸지만 2016년 '타임'지 에서는 "양당(민주당, 공화당)을 모두 공격하며 규칙을 부쉈고, 미래의 정치 문화를 제시했다."라는 평을 들었다. 이 말 역시 ♄의 키워드인 '남과 다른, 아웃사이더, 권리박탈'과 ♃의 키워드인 '기회, 확장, 미래에 대한 비전'을 잘 설명하는 듯하다.

트럼프는 미국 우선주의, 미국을 다시 위대하게 등의 목성(♃)과 같은 슬로건을 내걸었으며 멕시코 불법 이민자들과 이슬람교도와 같은 이방인들에게는 부정적인 입장이었다(♄).

필자의 생각에는 트럼프가 ♄, ♃의 긍정적인 부분과 부정적인 부분을 골고루 섞어서 정책을 발표하고 이슈를 만들었다고 생각한다. 트럼프는 대선 과정에서 많은 논란을 일으켰지만 저소득, 저학력의 남성 백인들의 강력한 지지를 받았다.

* 트랜짓 ♄, ♃의 영향력과 트럼프 대선 공약 및 정책들과 비교해 보면 좋을 듯하다.

2016년 도널드 트럼프의 세컨더리 프로그레션^{Secondary Progression}을 살펴보자.

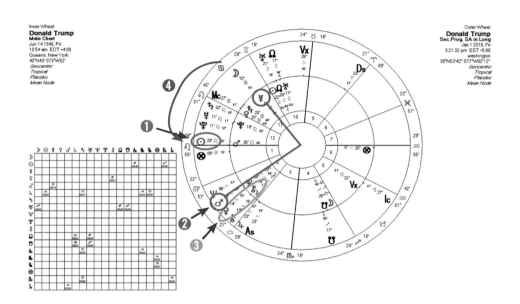

1) ☉(PR) ♂ As(N)

위의 컨정션(♂)은 사자자리(♌)에서 일어난다. 자신의 정체성을 창의적이고 극적으로 표현하여 세상으로부터 주목받기를 원할 수 있다. 인생에 대한 신념과 믿음이 중요해지는 시기이며 활력과 에너지가 강해지는 시기이다. 새로운 시작과 도전을 하는 것도 좋다.

트럼프가 대통령 선거에 출마하기에는 매우 좋은 기간이다. 2016년은 트럼프 쌍둥이자리 태양에 사자자리 성향을 덧입히는 시기이다. 말과 글 또는 다양한 소통 채널들을 통하여 자신을 적극적으로 알리기 좋다. 권위와 따듯함 그리고 카리스마를 어필하는 것도 좋을 수 있다.

2) ♂(PR) □ ☿(N)

자신의 목표와 주장을 적극적으로 알리고 전파하기 좋다. 토론과 논쟁을 하기에도 좋고 여러 미디어를 통하여 열정적인 연설을 하기에도 좋다. 자신의 열정을 말과 글로써 알리고 추종자들을 대변하는 리더의 역할을 하기에도 좋다. 거칠고 공격적인 말과 표현, 편협하고 극단적인 소통방식은 조심해야 한다.

트럼프의 연설은 매우 열정적이고 거침이 없었다. 자신의 주장을 과감히 표현하고 다른 후보자들은 꺼내기 힘든 이슈들을 다루었다. 그의 언행들을 적극적으로 지지하는 사람들도 많았지만 혐오하는 사람들도 상당히 많았다. 필자는 힐러리 클린턴과의 토론에서도 매우 극단적이고 공격적인 태도를 보였던 것으로 기억한다.

3) ♀(PR) ♂ ⚷(N)

⚷의 진정한 가치를 발견하기 좋다. 그동안 외면해왔던 관계에서 입은 상처와 아픔을 되돌아보고 치유하기 좋은 시기일 수 있다. 타인과는 다른 미적감각을 발견할 수도 있고 이전과는 다른 취향을 가질 수도 있다. 소외되고 상처 입은 사람들과 관계를 맺을 수도 있다.

트럼프는 성소수자들의 권리보장을 주장하였고 미국 보훈부를 합리화하고 관련 시설들을 개량하는 것에 목표를 두었다고 한다. 그는 고립주의 외교 노선의 태도를 보였고 파리협정 탈퇴를 선언하였다. 동맹국들에 방위비 부담 압박을 가하기도 했다.

4) 하현달^Last Quarter 주기에서 그믐달^Balsamic 주기로 이동

2016년도 달의 주기는 하현달에서 그믐달로 이동하였다. 그믐달 주기로 진입

할 때 상상력과 창의력이 풍부해질 수 있다. 사람들에게 비전과 이상을 전파할 수도 있다. 미래를 위한 씨앗을 뿌리는 시기이다.

트럼프는 2016년도에 많은 마음고생을 하였을 수 있다. 그믐달 주기로 진입할 때 일의 흐름이 부자연스러울 수도 있고 예상치 못한 일로 스트레스를 받을 수도 있다. 자신의 꿈과 희망이 무엇인지를 인식하고 세상과 공유하기를 원할 수도 있다.

2016년 도널드 트럼프의 솔라 아크 디렉션^{Solar Arc Direction}을 살펴보자.

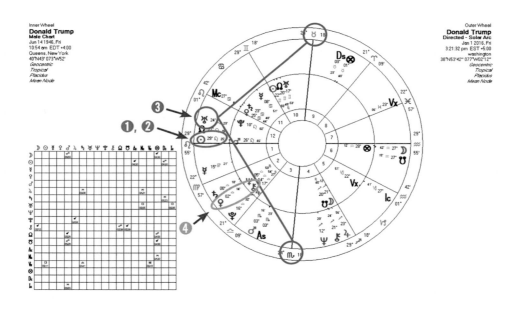

1) ☉(SA) ♂ As(N)

위의 세컨더리 프로그레션 ☉(PR) ♂ As(N) 참조

2) ☉(SA) 처녀 자리(♍) 0도 진입

새로운 기회가 올 수 있으며 처녀자리 성향을 긍정적으로 발휘할 수 있는 기간이다. 오류를 수정하고 계획한 일들을 완벽하게 수행하기에 좋다. 쓸모 있는 사람으로 발전할 수 있는 계기가 되는 기간일 수도 있다.

태양은 트럼프 자신을 의미한다. 대권에 도전하는 트럼프에게는 태양이 새로운 사인의 0도로 진입할 때야말로 기회의 시기일 수 있다. 트럼프의 네이탈 태양은 쌍둥이자리(♊)이며 천왕성(♅)과 컨정션(☌)을 이루고 있다. 다양한 생각들과 미래지향적이고 혁신적인 성향을 구체화하기에 좋은 시기일 수 있다.

3) ♅(SA) □ Mc(N), Ic(N)

♅(SA)는 직업과 가족의 영역에서 새로운 인식과 변화, 예기치 못한 단절, 급작스러운 사건과 사고 등이 일어날 수 있다. 위 영역에서의 변화와 사건들은 나에게 긍정적인 영향을 줄 수도 있고 부정적인 영향을 줄 수도 있다.

트럼프는 대통령 선거에 도전하였다. 천왕성은 위험을 감수하고 안전한 곳을 떠나 도전하는 에너지다. 만일 트럼프가 천왕성 에너지를 긍정적으로 사용한다면 변화와 혁신을 주도하는 선구자가 될 수도 있다. 트럼프의 대권 도전은 자신의 직업뿐만 아니라 집과 가족들에게도 영향을 미칠 수 있다.

4) ⚷(SA) ☌ ☽(N)

트랜짓 ⚷역시 네이탈 ☽에게 영향을 주고 있다. 트럼프에게는 2016년에 가장 영향을 주는 행성은 ⚷이라고 할 수 있다. 트럼프는 외톨이였을 수도 있고 소속감에 대한 이슈가 있었을 수도 있다. 실제로 트럼프는 아웃사이더라는 말을 들었고 공화당 내에서도 비주류였다는 평을 들은 바 있다. 어쩌면 이 각도의 영향으로 미국 시민들의 안전과 경제적 불이익에 대한 불안감으로 미국 우선주의의 정책을 내세웠을 수도 있다.

※ 마돈나와 도널드 트럼프의 트랜짓, 세컨더리 프로그레션, 솔라 아크 기법 해
  석은 필자의 주관적인 견해입니다.

스티브 워즈니악 Stephen Gary Wozniak

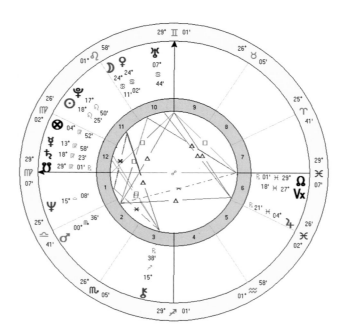

Stephen Gary Wozniak
Male Chart
11 Aug 1950, Fri
9:45 am PDT +7:00
San Jose, California
37°N20'07" 121°W53'38"
Geocentric
Tropical
Placidus
True Node

스티브 워즈니악의 네이탈 차트^{Natal Chart}이다.

그는 유명한 해커이자 엔지니어이고 애플의 공동 창립자[17]이자 애플의 핵심이었던 분이다.

알렉스 바나얀의 책 『나는 7년 동안 세계 최고를 만났다』에서 「14장 성공의 재정의」 부분과 애플의 초창기 동기들에게 자신의 주식을 무료로 나눠준 일화

---

17 애플은 1976년 워즈니악, 잡스, 론 웨인이 작은 차고에서 시작한 회사이다.

및 그 외에 잘 알려진 다른 사례들을 봐도 인품까지 좋은 분 같다.

워즈니악은 1976년 애플을 공동 창립하고 몇 년 후 비행기 사고(1981년)가 크게 나 회사를 휴직하게 된다. 사고로 부분기억상실증까지 앓다가 회복하고 1983년 에 회사로 복귀하게 된다.

복귀한 것도 큰 사건인데 돌아와서 보니 자신이 생각한 회사의 모습과 많이 달라져 있어서 많은 혼란을 겪었다고 한다.

그래서 이렇게 워즈니악에게 중요한 사건으로 보이는 복귀 및 대혼란을 겪은 시기가 궁금하여 현대 점성학적인 관점으로 살펴보려고 한다.

먼저 트랜짓^{Transit}**으로 살펴보자.**

위 사진에서처럼 1983년 애플에 복귀한 해에는 전반적으로 해왕성의 강력한 영향 아래 놓이게 된다.

해왕성의 대표 키워드 중에서는 혼란, 방황이라는 뜻이 있다.

이렇게 가장 개인적인 네 앵글이 모두 해왕성의 영향을 받았으니 워즈니악의 인생에서 대혼란을 겪은 것으로 보인다.

아마 회사로 복귀하여 혼란을 겪지 않았다고 해도 어떤 식으로든 해왕성의 영향을 강하게 받았을 것 같다.

세컨더리 프로그레션^{Secondary Progression}으로 살펴보자.[18]

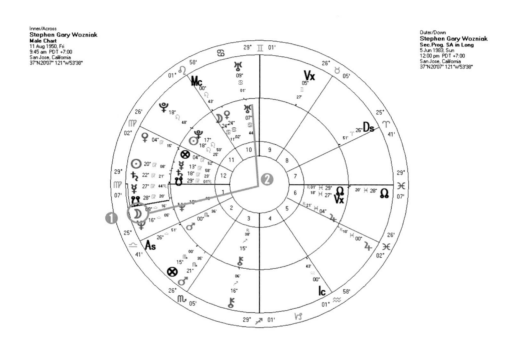

이 시기의 프로그레스드 달은 신월^{New Moon}이다.

신월일 때는 달이 지구와 태양 사이에 놓여 지구에서 달을 볼 수 없는 시기이다. 이 시기는 달의 위상^{Moon Phase}에서 첫 번째 단계로 어떤 일을 시작하기에는 나쁘지 않은 시기이지만 빛이 없이 매우 어두운 시기이므로 어느 길로 가야 할지 보이지 않아 우왕좌왕하기 쉽다. 훗날 워즈니악이 말한 것과 같은 상황으로 보인다.

①번처럼 프로그레스드 달이 첫 번째 하우스에 위치하고 있어 시작을 의미한

---

18 이 책의 2장 p.97, 3. 프로그레스드 달^{Progressed Moon} 참고

다. 신월도 첫 번째 하우스에서도 '시작'이라는 의미가 강하게 겹친다.

이 시기에 다시 일을 시작 하시려고 복귀하셨지만, 프로그레스드 달의 영향도 만만치 않게 받은 것으로 보인다.

그리고 ②번과 같이 $D_{(PR)} \square \mathrm{W}_{(N)}$으로 조직 생활과는 어울리지 않는 상태라 다시 복귀하였을 때 적응하기 힘들었음을 충분히 공감할 수 있다.

이번에는 솔라아크^{Solar Arc} **차트로 살펴보자.**

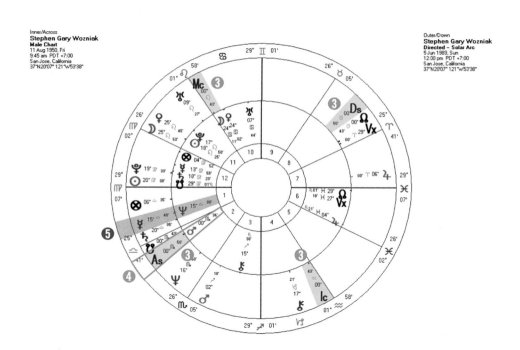

③번들을 보면 네 앵글($As_{(SR)}$, $Ds_{(SR)}$, $Mc_{(SR)}$, $Ic_{(SR)}$) 모두가 0°로 시작의 기회가 강하게 있음을 보여준다.

④번을 봐도 $As_{(SR)} \sigma \sigma_{(N)}$은 세상으로 나가는 모습이 될 수 있다.

⑤번은 ☿(SA) ☌ ♆(N)이라 생각이 혼란스러운 시기가 될 수도 있다.

워즈니악이 복귀 후 이 시기에 많은 혼란으로 갈등의 시기를 겪었을지 짐작된다.

마지막으로 솔라리턴 차트와 네이탈 차트를 함께 보자.

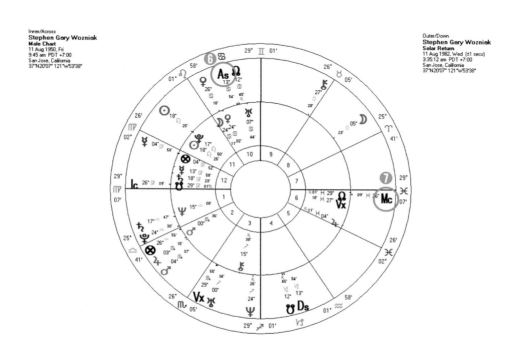

⑥번 10번째 하우스에 위치한 **As**(SR)와 ⑦번 6번째 하우스에 자리 잡은 **Mc**(SR)가 일과 일상을 뜻하는 하우스에 위치하고 있다는 것을 확인할 수 있다.

이 두 가지 점으로 보아 비행기 사고로 일선에서 물러나 있던 워즈니악이 애플로 복귀하여 휴직하기 전의 일상으로 돌아가기에 아주 좋은 해로 보인다.

지금까지 워즈니악이 비행기 사고를 딛고 애플로 복귀한 시기를 현대 점성학의 여러 가지 기법으로 살펴보았다.

스티브 잡스 Steve Jobs

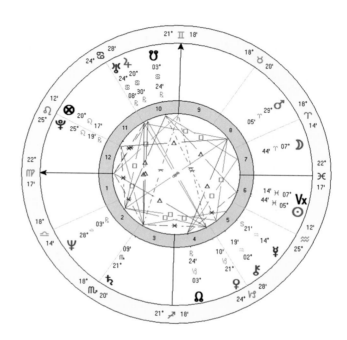

Steve Jobs
Male Chart
24 Feb 1955, Thu
7:15 pm PST +8:00
San Francisco
37°N46'30" 122°W25'06"
Geocentric
Tropical
Placidus
True Node

애플의 공동 창립자 중 또 다른 한 분인 고 스티브 잡스^{Steve Jobs}의 네이탈 차트 ^{Natal Chart}이다.

애플의 창립자 중 한 분이었지만 1984년에 만든 고가의 컴퓨터가 실패하기도 했고 그 밖의 여러 이유로 1985년 5월 해임당하게 된다. (물론 1997년에 애플로 다시 복귀함)

그 후 넥스트사를 세우고 그 이듬해인 1986년 2월에 픽사를 인수한다.

애플에서의 해임 그리고 애니메이션과는 전혀 연결고리가 없어 보이는 잡스의 픽사 인수가 흥미로워서 그 당시 잡스의 네이탈 차트가 어떤 행성의 영향을 받았는지 그리고 그 밖의 여러 기법이 보여주는 특징을 살펴보려고 한다.

먼저 트랜짓^{Transit}을 보자.

트랜짓 타임테이블^{Timetable} 속 ①번을 보면, 애플에서 해임당할 당시 트랜짓 카이런이 네이탈 태양과 스퀘어를 맺고 있다. 대표 키워드가 자격 박탈인 카이런답게 본인이 세운 회사에서 해임당한다. 그야말로 문자 그대로 자격을 박탈당한다. 설립자에서 쫓겨난 사람이 된 잡스의 입장을 카이런이 대변하고 있는 것 같다.

그리고 트랜짓 타임 테이블 속 ②번을 보면, 이듬해에는 천왕성과 목성의 영향으로 픽사를 인수하여 새로운 시작을 한 것 같다. 특히 도전, 엉뚱한 괴짜를 의미하는 천왕성답게 예상치 못한 엉뚱한 애니메이션 회사를 인수한다.

하지만 자신은 애니메이션의 전문가가 아니라는 것을 잘 아는 잡스는 픽사의 운영진에게 운영을 맡긴다. 픽사는 아시다시피 애니메이션 회사이지만 잡스가 인수할 당시 애니메이션을 만들 수 있는 수준의 그래픽에 특화된 컴퓨터를 개발하는 회사이기도 했다. 잡스는 애니메이션보다 이 사업에 관심이 있어 픽사를 인수했는데 그런 잡스의 생각을 알았는지 픽사의 경영진은 스티브 잡스에게 픽사가 진행 중인 장편 컴퓨터그래픽 애니메이션을 지원한다는 요구를 인수 조건으로 내놓았다.

컴퓨터 그래픽으로 만든 애니메이션이 큰 성공을 할 거라는 것을 잡스는 알고 있었는지 오랜 기간 동안 인수할 때 한 약속을 지켰고, 그 덕분에 탄생하게 된 작품이 〈토이 스토리〉이다. 이 작품은 남녀노소를 가리지 않고 전 세계 사람들에게 엄청난 인기를 받았다.

마지막으로 트랜짓 타임테이블 속 ③번을 보면, 트랜짓 해왕성이 1985년~1986년 내내 북쪽 노드와 컨정션하고 있다.

해왕성은 예술, 영화와 같은 사람들에게 꿈과 희망을 심어주는 행성이다.

이런 해왕성이 인생의 목적인 북쪽 노드와 컨정션을 해서 잡스가 그런 인수 조건을 받게 되고 수락하지 않았나 한다.

이렇게 보면 참 흥미롭다.

다음은 세컨더리 프로그레션$^{Secondary Progression}$으로 살펴보자.

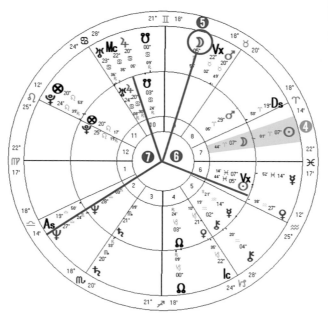

⑤번을 보면 이 시기의 프로그레스드 달은 9번째 하우스에 위치해 있고 프로그레스드 달의 주기는 초승달^{Crescent}로 과거를 잘 정리하고 미래로의 출발을 순조롭게 하기에 좋은 시기로 보인다.

그리고 독특하게도 네이탈과 프로그레션 차트상의 태양과 달이 서로서로 각을 맺고 있다.

차트의 ④번과 ⑥번과 같이 ☉(PR)☌☽(N)와 ☽(PR)□☉(N)로 두 차트의 중요한 루미너리 행성끼리 각도를 맺어 각각이 서로에게 빛을 보내주고 있다.

이 시기에 잡스는 본인이 만든 애플에서 쫓겨난 후 넥스트사를 세우고 픽사를 인수하는 과정에서 자신이 원하는 게 무엇인지 내가 뭘 해야 하는지를 찾는 시간을 가지지 않았을까 하는 생각을 조심스레 해본다.

⑦번을 보면 As(PR) □ ♃(N)로 컴퓨터 그래픽이라는 영역에 도전하였고 그로 인해 스티브 잡스의 경력이 확장되었다고 생각한다.

다음은 솔라아크^{Solar Arc} 기법으로 보자.

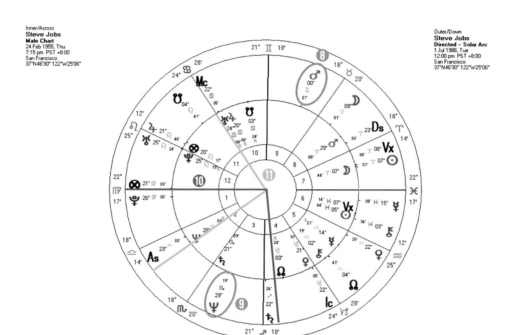

⑧번에서 보듯 화성이 Ⅱ · 0°21′이고 ⑨번에서 보듯 해왕성이 ♏ · 29°19′이다. 이 부분에서 그동안 하던 일이 마무리되는 에너지와 새롭게 시작되는 에너지가 엿보인다.

⑩번(파란색 줄) ♄(SA) □ As(N)과 ⑪번(노란색 줄) As(SA) □ ♅(N)은 픽사의 CEO로 ♄, ♅의 에너지를 긍정적으로 사용한 것 같다.

이번에는 솔라리턴^{Solar Return} 차트로 보자.[19]

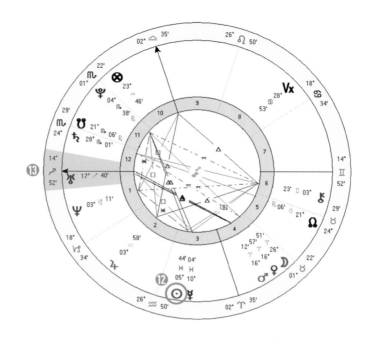

Steve Jobs
Solar Return
24 Feb 1985, Sun (±1 secs)
2:02:17 am PST +8:00
San Francisco
37°N46'30" 122°W25'06"
Geocentric
Tropical
Placidus
True Node

애니메이션 부분은 픽사의 운영진에게 맡기는 결정은 이전의 애플에서 독단적인 모습으로 운영진들과 갈등을 빚은 모습과는 상당히 대조적인 모습이라 생각된다. 또한 애플에서는 자기중심적이고 불같은 성향을 보여 동료들과의 소통에 문제가 많았지만, 픽사에서는 애플에서처럼 독불장군 같은 모습보다는 다른 직원들을 존중하는 모습을 보였다고 한다. 그와 함께 일했던 픽사 직원들은 소문으로 듣던 잡스와 다르다고 생각했을 것 같다.

아마도 ⑫번처럼 공부, 기술, 의사소통의 의미를 가지고 있는 3번째 하우스에 태양이 자리 잡게 되어, 잡스에게 의사소통하는 방식을 배우기 좋은 해가 되었을 것으로 보인다. 물론 이 한 해 동안 직원들 또는 동료들과 의사소통하는 법을 완벽하

---

19 픽사 인수가 1986년 생일 이전에 일어난 일이기 대문에 1985년의 솔라리턴 차트를 사용함.

222   현대 점성학 102

게 터득했다는 뜻은 아니다. 그는 1985년 애플에서 해임되면서 본인의 의사소통 방식을 돌아보며 자신의 소통법에 변화가 필요하다는 것을 알게 되었던 것 같다. 이러한 그의 변화는 픽사 인수 후 픽사 직원들에게 반영된 것으로 추측된다.

⑬번을 보면 $As_{(N)} \, \sigma \, 𝚿_{(SR)}$으로 그해에는 새로운 시작을 할 수도 있겠고 예상치 못한 변화가 일어날 수도 있겠다는 생각을 할 수 있다.

실제로 잡스는 컴퓨터 그래픽에 관심이 있어 픽사에 관심을 보였지만 그로 인해 애니메이션까지 인수하게 되었다. 이 과정은 그의 입장에서 예상치 못했던 일이거나 미지의 세계로의 도전이었을 것이다.

마지막으로 솔라리턴 차트와 네이탈 차트를 함께 보자.

⑭번을 보면 As$_{(SR)}$가 3번째 하우스에 있고, Ic$_{(N)}$♂♅$_{(SR)}$이다.

⑮번을 보면 Mc$_{(SR)}$가 첫 번째 하우스에 있다.

이 두 가지 사항 역시 앞의 이야기들과 반복된다.

이렇게 여러 기법으로 보면 어떤 주제가 공통적으로 나오는지 파악하기에도 좋고 어떤 의미에 중점을 두어야 하는지도 알아차릴 수 있다.

또한 교차검증도 가능하고 서로 보완하며 차트의 주인에게 조언을 할 수도 있다.

잡스의 경우에도 필자가 흥미를 느낀 기간에 그럴만한 에너지의 영향을 받은 점이 보였고 대체로 긍정적으로 사용한 것 같아 많은 사람이 기억하는 인물이 될 수 있었던 것 같다.

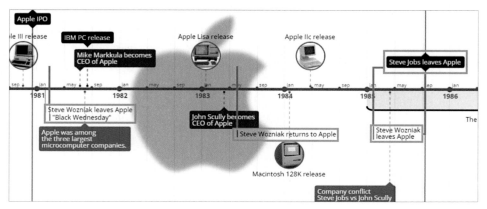

애플의 역사 타임테이블 Created by Angry Russian(https://time.graphics/line/372740)

이 그림은 애플의 역사를 한눈에 볼 수 있는 타임테이블이다.

이 타임테이블을 보면 1981년 워즈니악이 비행기 사고로 애플을 떠나게 되었고, 그로부터 2년 후인 1983년에 워즈니악이 애플로 돌아왔다.

그는 복직 후 애플에 적응하는데 힘들어하다 자신이 원했던 회사가 아님을 깨닫고 가지고 있던 주식을 처분하고 1985년 2월에 떠나게 된다.

그리고 몇 개월 뒤에 잡스가 1985년 5월 애플에서 해임당하게 된다.

이렇게 보니 1985년은 애플의 큰 혼란기였던 것 같다.

결국 필자가 앞에 예시로 기술한 부분은 1981년 워즈니악이 비행기 사고를 겪은 시기부터 워즈니악의 애플 복귀, 그리고 퇴사 후 잡스마저 애플을 떠나고 1986년 2월 초인 잡스가 픽사를 인수한 일까지를 살펴보았다고 생각하시면 됩니다.

그리고 필자의 기억 속에 있는 두 분의 스토리에 정확성을 더하고자 구글 검색을 참고하였으며 예시의 내용은 필자의 주관적인 견해임을 밝힙니다.

그럼 이 책으로 공부하시는 분들에게 도움이 되었기를 바라면서 이만 마칠까 합니다.